Dominique Giroux

El enfoque Montessori utilizado con personas con demencia.

Dominique Giroux

El enfoque Montessori utilizado con personas con demencia.

Los efectos sobre el bienestar y el comportamiento de las personas mayores con déficit cognitivos moderados a severos

Editorial Académica Española

Imprint
Any brand names and product names mentioned in this book are subject to trademark, brand or patent protection and are trademarks or registered trademarks of their respective holders. The use of brand names, product names, common names, trade names, product descriptions etc. even without a particular marking in this work is in no way to be construed to mean that such names may be regarded as unrestricted in respect of trademark and brand protection legislation and could thus be used by anyone.

Cover image: www.ingimage.com

This book is a translation from the original published under ISBN 978-613-1-51471-5.

Publisher:
Editorial Académica Española
is a trademark of
Dodo Books Indian Ocean Ltd., member of the OmniScriptum S.R.L Publishing group
str. A.Russo 15, of. 61, Chisinau-2068, Republic of Moldova Europe
Printed at: see last page
ISBN: 978-620-0-34583-7

Ahora el fruto de dos años de trabajo está llegando a su fin. Esto no fue sin la ayuda de muchas personas que me ayudaron, animaron y apoyaron y a quienes me gustaría agradecer. Primero, mi director de investigación, Line, que fue quien dio origen a la idea de este proyecto de máster sobre un tema que nos apasiona a ambos y que estuvo presente a lo largo de estos dos años. En segundo lugar, quiero dar las gracias a Martin Paradis, que ha sido muy valioso y ha sido un gran apoyo. También me gustaría agradecer a Madeleine Madore, enfermera jefe del Hogar de Veteranos, por su apoyo y consejos durante el inicio de este proyecto. Muchas gracias también a Zohra Benouni, que me ayudó mucho con mis análisis, y a Claudette Bergeron y Pierre Grégoire, por su ayuda en el diseño final de mi tesis. También me gustaría reconocer la participación de Caroline Gagné, una maestra Montessori certificada, por su ayuda y consejo durante la implementación de las actividades Montessori y la escuela Montessori en Sillery (más particularmente la Sra. Catherine), por su hospitalidad. No quisiera olvidar la preciosa ayuda del Dr. Michel Dugas, sin el cual habría tenido un comienzo mucho más difícil. También me gustaría agradecer a todos los participantes, sus familias y cuidadores que hicieron posible este proyecto. Por último, me gustaría dar las gracias a mi correctora personal, a mi madre y a mi técnico en ordenadores personales, mi hermano, que me han ayudado mucho. Agradezco a toda esta gente con todo mi corazón.

ÍNDICE

LISTA DE CIFRAS :

LISTA DE TABLAS

CAPÍTULO 1
INTRODUCCIÓN

El aumento constante del número de personas con demencia, debido en parte al envejecimiento de la población, es una preocupación cada vez más importante en nuestra sociedad. Según la Alzheimer Society of Canada (2002), 364.000 canadienses mayores de 65 años padecen actualmente la enfermedad de Alzheimer o una demencia relacionada. Esto corresponde a una de cada 13 personas de 65 años o más y esta proporción aumenta a una de cada tres entre los canadienses de 85 años o más. Actualmente, las personas de 65 años o más representan el 14% de la población y esta proporción aumentará hasta el 28% en 2031. Como resultado, se puede esperar un aumento significativo de la población con demencia. De hecho, para el año 2031, se estima que más de 750.000 canadienses tendrán la enfermedad de Alzheimer o una demencia relacionada. Según un estudio del grupo de trabajo canadiense sobre salud y envejecimiento (2002), cada año se producen 60.150 nuevos casos de demencia en Canadá. De ellos, 13.480 se destinarán a instituciones cada año. De hecho, actualmente hay 547 centros de atención a largo plazo (CHSLD) en Quebec. Casi la mitad de las personas con demencia viven actualmente en centros especializados y se estima que los costos para las personas con enfermedad de Alzheimer y demencias relacionadas alcanzan los 5.500 millones de dólares en Canadá cada año (Alzheimer Society of Canada, 2002).

De hecho, la clientela de las personas con demencia está compuesta principalmente por personas con demencia y, en varios lugares, a veces representa hasta el 80% del número total de clientes alojados (Bigaouette, 2001). Según el National Advisory Council on Aging, en 1996, el 55,4% de los pacientes con demencia que vivían en instituciones tenían demencia severa y el 33,7% tenía demencia moderada. Desafortunadamente, estas proporciones tienden a aumentar continuamente.

Para reconocer mejor el importante impacto de la demencia en nuestra sociedad, es esencial definir primero esta condición y su impacto en la persona mayor misma. En los diferentes estudios se informan varias definiciones de demencia. Sin embargo, el DSM-IV (1996) es el más utilizado. Ofrece los siguientes criterios diagnósticos: deterioro de la memoria (deterioro de la capacidad de aprender nueva información o de recordar información aprendida previamente) y uno o más de los siguientes trastornos cognitivos: afasia, apraxia, agnosia e interrupción de las funciones ejecutivas. Además, los déficits cognitivos deben ser lo suficientemente severos como para causar dificultades significativas en el funcionamiento social y en la vida diaria.

y representan una disminución significativa de la autonomía en comparación con las operaciones anteriores. Por lo tanto, la demencia es muy diferente del envejecimiento normal, porque el olvido leve de los ancianos o las alteraciones cognitivas menores normales con la edad, como la disminución de la atención compartida, no tienen un impacto en la vida diaria de la persona mayor, a diferencia de la demencia. Además, es importante distinguir la demencia del delirio, que es una disfunción temporal de la función metabólica cerebral, de corta duración y reversible si se corrige la causa. Por lo tanto, la primera sección describe el impacto de la demencia en la persona con demencia. Luego, la segunda sección describe el impacto en las intervenciones de los terapeutas ocupacionales. Finalmente, se describen las necesidades de la persona con demencia.

1.1   Impacto de la demencia en la persona con demencia

Por lo tanto, la demencia es un deterioro global de las funciones cognitivas y puede tener varias causas. Volicer et al (1999) reportan las más comunes: enfermedad de Alzheimer, demencia vascular, demencia frontotemporal (por ejemplo, enfermedad de Pick) y demencia de cuerpos de Lewy. Las manifestaciones clínicas de los síntomas de la demencia varían según los cambios patológicos en el cerebro o las diferentes trayectorias evolutivas.

El daño al sistema corporal conduce a una discapacidad en términos de habilidades, que varían según el lugar y el alcance del daño. Por lo tanto, en las primeras etapas de la demencia, sólo se ven afectadas la actividad intelectual y las habilidades lingüísticas. Pero a medida que la enfermedad progresa, también se ven afectadas las habilidades relacionadas con los comportamientos, los sentidos y la percepción y las actividades motrices. Finalmente, en las últimas etapas de la demencia, los trastornos afectan a todas las capacidades (incluidas las relacionadas con la respiración, la digestión, la excreción, la reproducción, la protección y la resistencia).

El impacto en la vida diaria de las personas con enfermedad de Alzheimer o cualquier otra forma de demencia es cada vez más importante a medida que la enfermedad progresa. En primer lugar, las disfunciones cognitivas aparecen (memoria, juicio, atención-concentración...) y tienen un impacto en varios ámbitos de la vida de la persona. Los déficits mnemotécnicos pueden tener un impacto tanto en la capacidad de la persona para recordar un viaje en automóvil, una lista de compras o un número de teléfono como en su seguridad (al usar la estufa, por ejemplo). En segundo lugar, un mal juicio puede llevar a dificultades en la gestión de situaciones imprevistas (daños causados por el agua, cortes de electricidad) o a una gestión financiera inadecuada. Déficit de atención - los déficits de concentración también pueden causar situaciones peligrosas durante la preparación de las comidas, por ejemplo.

Entonces, aparecen disfunciones ejecutivas que también han tenido un impacto en la vida diaria de la persona (cuidados corporales, preparación de las comidas, mantenimiento del hogar....). Dependiendo de la gravedad del ataque, la persona tiene dificultades para organizarse en el tiempo y el espacio, siguiendo secuencias. Ponerse un suéter puede llegar a ser imposible para la persona con demencia.

Los problemas de movilidad aparecen en personas con déficits cognitivos. Luego experimenta problemas de equilibrio, coordinación y disminución de la fuerza y la resistencia. Combinados con deficiencias cognitivas y ejecutivas, estos déficits pueden hacer que caminar sea inseguro, requiriendo primero el uso de dispositivos de asistencia hasta el punto de usar una silla de ruedas. Los déficits de movilidad también se extenderán a las extremidades superiores, al tronco e incluso a la capacidad de masticar y tragar en las etapas posteriores.

Finalmente, los déficits cognitivos también tienen un impacto en el estado emocional de la persona con enfermedad de Alzheimer. En primer lugar, está claro que el diagnóstico en sí mismo puede llevar a la ansiedad, la tristeza, la ira e incluso la depresión. Segundo, los trastornos del sistema nervioso central disminuyen la capacidad de la persona para tener respuestas emocionales adecuadas. Pueden entonces presentar un afecto plano o, por el contrario, mostrar labilidad emocional (llanto, risa inadecuada). También es posible observar perturbaciones en la agitación, apatía o agresividad.

1.2 Impacto de la demencia en las intervenciones de los terapeutas ocupacionales

Este aumento en el número de personas con demencia en las instituciones tiene un impacto significativo en los profesionales que tratan de identificar las intervenciones más apropiadas para satisfacer las necesidades y capacidades de las personas mayores y en las decisiones que deben tomar los administradores. Además, el aumento del número de clientes dificulta la identificación de intervenciones apropiadas que puedan satisfacer sus necesidades y capacidades. Además, la falta de herramientas apropiadas y de formación del personal, así como la diversidad de los clientes (diversas discapacidades, diferentes etapas de la demencia) son todas causas que dificultan la identificación de actividades apropiadas. Por último, las que tradicionalmente se ubicaban en centros de cuidados de larga duración (juegos, bingo, cine, etc.) ya no parecen responder a las necesidades de esta clientela. De hecho, los trabajadores informan de una baja participación de los residentes con déficit cognitivo en las actividades regulares de sus comunidades.

Los trabajadores observan el aumento en el número de clientes y cuanto más pesados son, más se sienten inadecuados. Experimentan mucho estrés debido a su incapacidad para satisfacer las necesidades de la gente, lo que, según Bigaouette (2001), influiría en la prevalencia de los trastornos de conducta. Por lo tanto, las partes interesadas tienden a imponer actividades que no son a menudo adaptados a las capacidades y necesidades de los residentes. Cuando se les presenta una tarea o situación que no corresponde a sus capacidades, las personas con demencia se vuelven ansiosas, agitadas, agresivas o apáticas (Camp et al., 1996). Incluso si la intención es reducir los comportamientos perturbadores, a menudo ocurre que las actividades ofrecidas no están bien adaptadas a las necesidades de las personas con enfermedad de Alzheimer, creando así el efecto contrario, a saber, los comportamientos perturbadores. Además, Camp (1996) informa que la falta de estimulación o la falta de participación en actividades significativas también conduce a un aumento de los comportamientos disfuncionales y perturbadores.

Sin embargo, se ha demostrado que los comportamientos perturbadores tienen un impacto significativo, tanto en el propio residente como en otros residentes, familias, trabajadores e incluso gerentes (Monat, 2000). En primer lugar, el residente con comportamientos perturbadores puede ser calificado por la familia y los amigos como una persona difícil. Incluso puede ser agredido física o verbalmente por otros residentes que se sienten molestos por su comportamiento perturbador. También puede ser aislado o incluso restringido para evitar que se pierda, se lastime o hiera a otros o simplemente porque es demasiado perturbador. Su familia también puede padecerlo al desarrollar sentimientos de vergüenza, culpa, ansiedad o malentendidos acerca de estos comportamientos inapropiados. La familia puede interpretar estos comportamientos como una incomodidad física o psicológica y desarrollar una actitud crítica hacia los cuidadores o hacer demandas poco realistas. Por último, hay una disminución en la calidad de vida de otros residentes, causada por el ruido, la agresión y el comportamiento inaceptable de quienes los rodean. También pueden desarrollar sentimientos de miedo, ansiedad o frustración. Este circuito de retroalimentación aumenta la presión sobre los profesionales que intentan presentar actividades adaptadas a las necesidades de las personas con enfermedad de Alzheimer.

Los trabajadores también tienen dificultades para vivir con los comportamientos perturbadores de algunos residentes. Pueden experimentar sentimientos de fracaso y culpa, pero también frustración y fatiga que pueden llevar al agotamiento. Por último, los gestores que deben tratar con los residentes, los trabajadores y las familias, así como con las limitaciones presupuestarias, se ven obviamente afectados. De hecho, estos comportamientos perturbadores pueden dar lugar a peticiones de todas las partes, como alojamientos especiales, personal adicional o formación adicional, además de tener que gestionar el aumento del ausentismo y la elevada rotación del personal.

1.3 Las necesidades de la persona afectada

Maslow (1972) fue uno de los primeros autores en describir y priorizar las necesidades de una persona: necesidades fisiológicas, seguridad, amor, autoestima y logros. Se reconoce que la motivación fundamental de todo ser humano es satisfacer sus necesidades. Así, es a través de la forma en que la persona con demencia se comporta que busca satisfacer sus necesidades (Lévesque et al., 1990). De hecho, se ha demostrado que los problemas de comportamiento asociados a la demencia suelen estar relacionados con una dificultad o incapacidad para expresar estas diferentes necesidades (Landreville, 2003; Algase, 1996; Cohen-Mansfield, 2001) y que una gran proporción de residentes residenciales con un comportamiento inapropiado sufrirían depresión sensorial, aburrimiento o soledad (Cohen-Mansfield, 2001). En los asilos de ancianos, las necesidades fisiológicas básicas son frecuentemente satisfechas por los trabajadores. Sin embargo, con demasiada frecuencia no se satisfacen las necesidades psicológicas de autoestima y rendimiento. Esto tiene repercusiones significativas en el comportamiento de la persona y, en consecuencia, en su calidad de vida. El papel de los trabajadores es, por tanto, proporcionarles oportunidades que faciliten la expresión y la respuesta a estas necesidades, con el fin de fomentar comportamientos adaptados que mejoren su calidad de vida. Según Camp (1996), la falta de modelos teóricos es el mayor obstáculo para la elección e implementación de actividades adaptadas a las necesidades y habilidades de las personas con demencia de moderada a severa. Las actividades se eligen a menudo al azar o en función de la disponibilidad de recursos y no siempre se evalúan los resultados de su utilización. Entonces se hace difícil saber por qué son apropiados o no y hay una tendencia a repetir los mismos una y otra vez porque parecen satisfactorios.

Además, según Buettner y Kolanowski (2003), una necesidad básica se satisface con actividades de ocio y trabajo. Desafortunadamente, las personas con demencia no participan mucho en estas actividades debido a sus limitaciones físicas y cognitivas. Según estos autores, al elegir las intervenciones y actividades, los profesionales deben tener en cuenta que la persona que logra satisfacer las necesidades básicas utilizando sus capacidades residuales siente un estado de bienestar que tiene un impacto en sus comportamientos.

Además, sabemos que todo el mundo necesita tener un cierto número de roles para definirse y que la persona demente no es una excepción a esta regla. Por supuesto, en los ancianos, hay una disminución progresiva de los roles que a menudo lleva al estrés y al miedo en los ancianos. Barris y Elliot demostraron una relación significativa entre un mayor nivel de actividad y una mejor calidad de vida y esta relación sería más fuerte cuando se trata de actividades significativas. Por su parte,

Monat (2000) informa de un estudio realizado por Cohen-Mansfield y colegas sobre el uso del tiempo de los residentes de centros residenciales con demencia. Según este estudio, pasan el 63% del día sin hacer nada y es durante este período de inactividad que se observan la mayoría de los problemas de comportamiento. Finalmente, Carbonneau (1999) describe un modelo conceptual de calidad de vida. Se refiere al mantenimiento de los roles sociales, la intensidad de la participación en actividades recreativas y las oportunidades de autoestima, creatividad y logro como indicadores de calidad de vida. Por lo tanto, se ha demostrado que permitir a las personas mayores mantener una participación activa en actividades significativas promueve una mejor calidad de vida y una reducción de los problemas de comportamiento. Dado que la persona con demencia no tiene la capacidad de elegir y participar activamente en actividades apropiadas, es responsabilidad de quienes la rodean ofrecer oportunidades para participar en actividades que satisfagan sus diversas necesidades.

El problema actual es que estas necesidades reconocidas de autoestima y rendimiento no han sido suficientemente estudiadas en relación con las actividades adaptadas a las capacidades de las personas con demencia. Las intervenciones existentes, tanto individuales como grupales, parecen inducir con demasiada frecuencia problemas de conducta. Con el fin de profundizar esta relación entre la autorrealización y las actividades terapéuticas, este estudio exploratorio propone observar los comportamientos de las personas con demencia de moderada a severa cuando están expuestas a diferentes tipos de actividades que requieren un compromiso diferente.

Por lo tanto, el propósito principal de este estudio es medir el efecto del uso del enfoque y las actividades de Montessori en personas con demencia de moderada a grave. La hipótesis es que el uso de actividades Montessori que corresponden a las habilidades e intereses de la persona con demencia permite satisfacer las necesidades psicológicas de autoestima y logro a través del afecto, el comportamiento y la participación en la actividad. Por lo tanto, los participantes deben tener un impacto más positivo durante las actividades experimentales que durante las actividades regulares. Por lo tanto, el efecto observado en los participantes y el estado de ánimo informado debería ser más positivo durante las actividades experimentales. Además, debemos observar una participación más activa y un comportamiento menos disfuncional durante las actividades experimentales. Finalmente, el objetivo secundario es medir la fidelidad entre clasificadores y dentro de los clasificadores de la Escala de Clasificación de Afecto del Centro Geriátrico de Filadelfia (ARS) y la correlación entre el estado de ánimo reportado por los sujetos que usan la Prueba de Imagen del Estado de Ánimo de la Demencia (DMPT, por sus siglas en inglés) y el estado de ánimo medido usando la ARS.

CAPÍTULO 2
LA BASE DEL ESTUDIO

En este capítulo se describe el enfoque Montessori en el que se basa el estudio, seguido de una descripción del modelo de referencia subyacente.

2.1 El enfoque Montessori

El enfoque Montessori fue creado por Maria Montessori a principios del siglo pasado. Estaba interesada en el desarrollo de los niños de la primera infancia con discapacidades de aprendizaje y depresión sensorial. Primera doctora en Italia, trabajó durante algunos años en la Clínica Psiquiátrica de la Universidad de Roma. Unos años más tarde, se convirtió en directora de una escuela para niños discapacitados. Durante dos años, experimentó con los métodos de Itard y Séguin, dos médicos que tuvieron una influencia significativa en el mundo de la educación, además de sus propias experiencias docentes. Hizo un descubrimiento importante. Su método con niños deficientes obtuvo resultados particularmente sorprendentes; no sólo logró enseñarles a leer y escribir, sino que obtuvieron resultados similares a los de los niños "normales" en los exámenes. En 1907, fundó su primer

La "Casa de los Niños", destinada a niños "normales" de entornos muy desfavorecidos. Comenzó entonces a estudiar a estos niños, su desarrollo y cómo aprendieron en un entorno adaptado a ellos que ella llamó "pedagogía de la ciencia" y utilizó el período de la "mente absorbente" para guiar sus elecciones de actividades.

2.1.1 Pedagogía científica

Los primeros experimentos de adaptación del entorno para el aprendizaje escolar de los niños tuvieron lugar a principios del siglo XX. En ese momento, nos limitamos exclusivamente al entorno físico (por ejemplo, la altura de las sillas y mesas, etc.), olvidando que hay otros factores que influyen de manera importante en el aprendizaje y desarrollo de los niños. Es a través del estudio de estos diversos elementos que María Montessori revolucionó el mundo de la educación. Estos elementos se describen con más detalle ya que constituyen los componentes del programa evaluado en este estudio: el entorno, el material, el papel del facilitador y la técnica de la lección.

1) <u>El entorno</u>: A Maria Montessori le pareció obvio que el entorno tenía una influencia crucial en el desarrollo del niño y en el aprendizaje de su comportamiento social. Un ambiente cerrado que fomente la concentración permitiría que el carácter se forme a través de las actividades y que la construcción del individuo arraigue. Varios profesionales trabajaron en

colaboración con Maria Montessori para establecer las características de una escuela para niños pequeños.

2) <u>Los materiales</u>: Durante sus años de investigación, Maria Montessori ha diseñado y probado cientos de actividades para niños para promover su desarrollo y aprendizaje. Es el material de la vida práctica que permite el trabajo real con un propósito real, el material de desarrollo que permite el desarrollo gradual de la inteligencia y el material sensorial que permite el desarrollo de una base sólida para el aprendizaje posterior. También ha elaborado materiales para apoyar el desarrollo de la cultura y los sistemas de enseñanza del alfabeto, los números, la escritura, la lectura y la aritmética.

3) <u>Material sensorial</u>: Variado y atractivo, este material de calidad promueve la estimulación táctil, visual, auditiva e incluso olfativa y gustativa. También estimula las habilidades motoras finas y gruesas a través de la manipulación de objetos y la estimulación cognitiva perceptiva. Los materiales, madera, plástico, tela, metal... son agradables al tacto y dan a la persona la impresión de trabajar. Además, al ser equipos autocorregibles y modificables, evitan la retroalimentación negativa y dan retroalimentación inmediata de los éxitos de la persona activa, lo que promueve en gran medida la autoestima. Además, las diferentes actividades son fácilmente adaptables para variar su uso y ajustarse a las habilidades de la persona. Finalmente, demasiado material lleva a la confusión entre la gente y ofrecer sólo una copia de cada artículo les enseña a esperar su turno y a respetar el trabajo de los demás.

El material sensorial consiste en una serie de objetos agrupados según una cualidad específica de los cuerpos, como el color, la forma, el tamaño, el sonido, la rugosidad, el peso, la temperatura, etc. Por ejemplo, un juego de pastillas de diferentes colores, un juego de sólidos de la misma forma pero de dimensiones graduadas, un grupo de campanas de diferentes tonos musicales, etc. "Cada uno de estos conjuntos tiene la misma calidad, pero en un grado diferente: es por lo tanto una gradación en la que la diferencia entre objeto y objeto varía regularmente y, cuando es posible, se establece matemáticamente. "(Montessori, 1958) Además, sólo varía una cualidad, como explica el autor en la siguiente cita.

"Desde el punto de vista psicológico, se ha observado que, para revelar
mejor la cualidad particular, es necesario, en la medida de lo posible,
aislar los sentidos: una impresión táctil es más clara si se trata de un objeto
que no es conductor de calor, es decir, que no proporciona al mismo tiempo

impresiones de temperatura; y la impresión será aún más notable si el sujeto se encuentra en un lugar oscuro y silencioso donde no puede recibir impresiones visuales o auditivas que perturben sus impresiones táctiles. Por lo tanto, el proceso de aislamiento puede ser doble: aislar al sujeto de otras impresiones del entorno y escalar el material de acuerdo con una única calidad". (Montessori, 1958)

4) <u>El papel de la parte coadyuvante</u>: Montessori creía que los seres humanos naturalmente buscan desarrollarse y realizarse a sí mismos, moviéndose espontáneamente hacia actividades y materiales que corresponden a sus habilidades y al nivel de aprendizaje que han alcanzado. El educador se convierte entonces en un facilitador que acompaña al niño en su aprendizaje, limitando los obstáculos, guiándolo y animándolo. Maria Montessori describe al educador como un guía que enseña poco y observa mucho.

"Sus palabras, su energía, su severidad no son necesarias; pero lo que se necesita es su ciencia oculta de la observación; es la manera de servir, de intervenir o retirarse, de hablar o permanecer en silencio, según sea el caso y las necesidades. Debe adquirir una agilidad moral que no requiere ningún otro método; una agilidad hecha de calma, paciencia, caridad y humildad. Son las virtudes, no las palabras las que lo preparan". (Montessori, 1958)

Maria Montessori mencionó varios elementos clave del papel de la parte coadyuvante según su filosofía:

- Es importante fomentar siempre las experiencias positivas

- El educador nunca debe dar retroalimentación negativa

- El educador debe aprender a observar a la persona para conocerla mejor.

- Es importante crear un entorno propicio adecuado

- El educador debe respetar el ritmo y la elección de las personas

5) <u>Técnica de la lección</u>: Maria Montessori da mucha importancia a la forma en que se presentan las actividades. Esto es lo que ella llama "la técnica de las lecciones" (Montessori, 1958): distingue dos períodos, iniciaciones y lecciones.

<u>Primer período</u>: las iniciaciones

- Aislamiento del objeto: es importante aislar la atención de todo lo que no es el tema de la lección. Por lo tanto, es necesario colocar el material en una mesa vacía junto a la persona.

- Ejecución exacta: el educador debe presentar el material y decirle a la persona cómo usarlo realizando el ejercicio una o dos veces.

-   Atención: la presentación del material debe hacerse con entusiasmo para atraer la atención de la persona.

-   Prevención del uso indebido: si el material es utilizado por la persona de una manera que no corresponde a su propósito, es decir, que no ayuda a su desarrollo, debe impedirlo suavemente.

-   Respeto por la actividad útil: si la persona utiliza el material de manera que permita su desarrollo, aunque el uso sea diferente al enseñado por el educador, respetará su trabajo sin interrumpirlo o incluso corrigiendo pequeños errores.

-   Terminar bien el ejercicio: si la persona termina el ejercicio sin guardar el equipo, el educador debe intervenir para que pueda guardarlo.

<u>Segundo período</u>: Lecciones aprendidas

> *"Este es el período durante el cual el maestro interviene para determinar mejor las ideas del niño que, después de haber sido iniciado, ya ha hecho varios ejercicios y ha logrado distinguir las diferencias que presenta el material sensorial. "(Montessori, 1958)*

Por lo tanto, les ayuda a adquirir las palabras adecuadas correspondientes a su aprendizaje.

2.1.2 La mente absorbente

Uno de los elementos importantes del enfoque de Maria Montessori es el período de la "mente absorbente". Es durante este período, que se extiende de 0 a 6 años, que el niño está dotado de una sensibilidad poderosa que le permite construir su ser. "El niño asimila sus impresiones, no con su mente, sino con su propia vida" (Montessori, 1992, c1959). Montessori también explica esta forma de inteligencia:"...mientras nosotros adquirimos conocimiento con nuestra inteligencia, el niño lo absorbe con su vida psicológica" (Montessori, 1992, c1959). No podemos decir que aprende porque recuerda, porque no tiene memoria. Las impresiones penetran su mente, se encarnan en él. Esto es lo que Montessori llama "la mente absorbente".

El papel del adulto no es entonces el de enseñarle, sino el de ayudar a la mente del niño a desarrollarse. Durante este período, lo que más necesita el niño es la libertad de tomar la iniciativa. Un entorno adaptado en el que puede elegir sus actividades le permite adquirir habilidades morales y sociales y progresar de forma sorprendente en todos los ámbitos. Cuando su entorno satisface sus necesidades interiores, experimenta una gran alegría, un gran bienestar interior. "Por otro lado, cuando en la atmósfera hay un obstáculo para el funcionamiento interno, podemos observar reacciones violentas y desesperación. Representan un intento del alma de reclamar, de defenderse" (Montessori, 1992, c1936).

Este estado llamado "mente absorbente", en el que el niño asimila e interactúa inconscientemente con su entorno, es muy similar a lo que le sucede a una persona con demencia que ha perdido parte de su memoria. De hecho, también hay manifestaciones del estado de bienestar o de angustia dependiendo del nivel de satisfacción de las necesidades internas de la persona. Sin embargo, a diferencia del niño que busca construir su ser y desarrollarse a través de sus interacciones con un entorno que satisface sus necesidades de realización y logro, la persona demente más bien necesita acceso a un entorno que corresponda a sus capacidades residuales para mantenerse a sí mismo y satisfacer sus necesidades de realización y logro.

2.2 Modelo de referencia

Camp and Mattern (1999) utiliza la teoría del buceo retrógrado descrita por varios autores para explicar los efectos positivos de este enfoque en personas dementes. Según ellos, al igual que otros autores (Dreher, 1997, Vance et al., 1996, Camp et al., 1996, 1997, 1999; Reisberg, 1986), las capacidades cognitivas en las últimas etapas de la demencia se pierden en el orden inverso al que se desarrollan en la infancia. Más concretamente, los aspectos del desarrollo cognitivo identificados por Piaget que se desarrollan en la primera infancia son también los últimos que se pierden en las personas con enfermedad de Alzheimer (Vance y Porter, 2000). Por ejemplo, las primeras pérdidas cognitivas están en el nivel del razonamiento abstracto, mientras que la permanencia del objeto y la capacidad de reconocerse a sí mismo se encuentran entre las últimas pérdidas observadas (Vance y Porter, 2000). Así, según estos mismos autores, las actividades más adecuadas para las personas con demencia de Alzheimer serían las asociadas a los estadios sugeridos por Piaget correspondientes a sus capacidades cognitivas.

Montessori ha desarrollado materiales que permiten a los niños aprender inconscientemente a través de actividades agradables y estimulantes que pueden ser categorizadas según las diferentes etapas de Piaget. Por lo tanto, la comprensión del desarrollo y la adquisición de habilidades cognitivas en los niños puede ser útil para adaptar las actividades en las etapas posteriores de la demencia. Así, cuando se utiliza con el enfermo de demencia, es una herramienta que le permite aumentar su autoestima y alcanzar su máximo potencial a través de actividades adaptadas a sus capacidades en un entorno positivo. Por lo tanto, este equipo permitiría a las personas con déficits cognitivos utilizar sus habilidades.

residual cognitivo de forma inconsciente. Además, aunque ha sido diseñado para su uso con niños, el equipo Montessori no es apto para niños.

Este enfoque es consistente con el modelo descrito por Algase y sus colegas (1996), el Need-Driven Dementia-Compromised Behavior Model (NDB). Este modelo ayuda a identificar y comprender la causa de los comportamientos disfuncionales. Algase y otros (1996) creen que los comportamientos disfuncionales asociados con la demencia son una expresión de una necesidad. Su modelo describe la relación entre las características personales (neurológicas, cognitivas, psicosociales y físicas) del enfermo de demencia denominadas "*factores de fondo*" y las diferentes variables situacionales (el estado de las necesidades fisiológicas y psicosociales y el entorno físico y social), denominadas "*factores proximales*". Este modelo ayuda a identificar y comprender la causa de los comportamientos disfuncionales. Las partes interesadas, aunque no pueden influir en ellas, deben identificar y comprender las características de cada individuo para establecer un perfil de las fortalezas y debilidades de cada uno, así como de sus intereses. También deben identificar y comprender los factores proximales que se combinan con los factores personales de cada individuo que influirán en los comportamientos de los enfermos de demencia. Por lo tanto, las intervenciones deben desarrollarse en respuesta a las necesidades insatisfechas, limitando las limitaciones ambientales y utilizando las fortalezas de cada individuo (Buettner et al. 2003).

Así, además de satisfacer las necesidades psicosociales que con demasiada frecuencia no se satisfacen en un centro residencial, las actividades Montessori, que son diversificadas y fácilmente adaptables, permiten a los residentes adaptarse a sus habilidades e intereses cognitivos. Luego se deben observar cambios en el comportamiento, el afecto, el estado de ánimo y la participación durante la actividad. Kolanowski y otros (2002) describen este modelo causal a partir del modelo del BND.

El uso de este modelo para este estudio no sólo facilitó la comprensión de la relación entre las actividades adaptadas y el sentido de realización, sino también la elección de los instrumentos de medición y la interpretación de los resultados. Este modelo se presenta en la Figura 1.

Figura 1: Traducción libre y adaptación de acuerdo con el Modelo de Conducta Comprometida de Demencia por Necesidad (Algase et al., 1996)

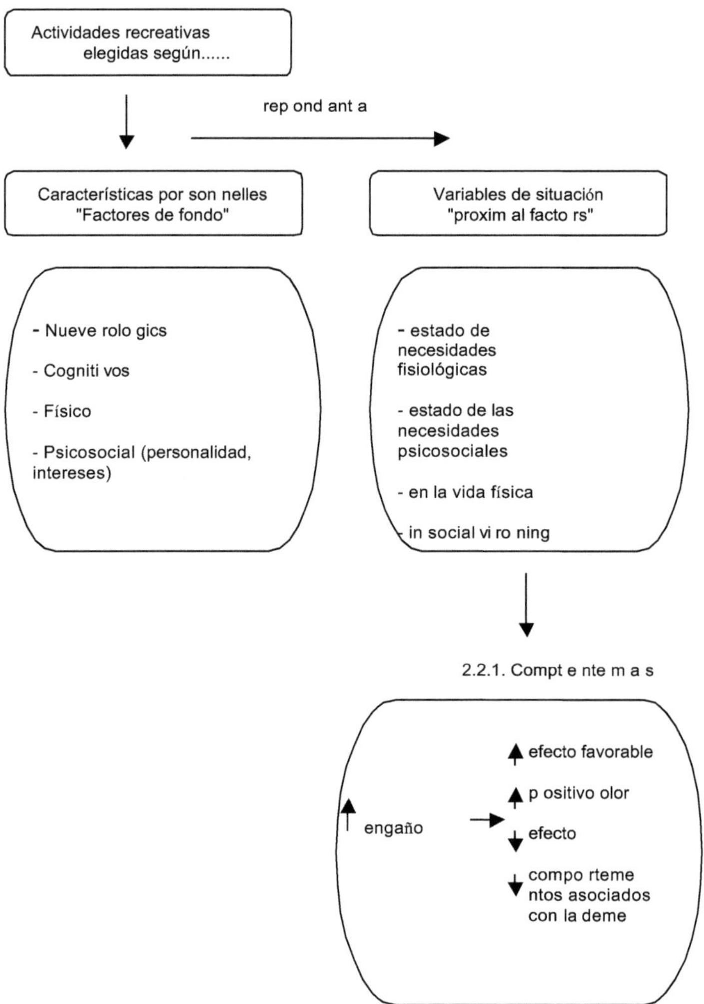

Actividades recreativas
elegidas según......

rep ond ant a

Características por son nelles
"Factores de fondo"

Variables de situación
"proxim al facto rs"

- Nueve rolo gics

- Cogniti vos

- Físico

- Psicosocial (personalidad, intereses)

- estado de
necesidades
fisiológicas

- estado de las
necesidades
psicosociales

- en la vida física

- in social vi ro ning

2.2.1. Compt e nte m a s

efecto favorable

p ositivo olor

efecto

compo rteme
ntos asociados
con la deme

engaño

CAPÍTULO 3
REVISIÓN DE ESCRITOS

Los comportamientos perturbadores asociados con la demencia a menudo son reportados en los diversos estudios y por los cuidadores como el principal problema que afecta la calidad de vida de los propios residentes y del personal de los refugios. Logsdon y otros (1999) estiman que las conductas perturbadoras ocurren en el 70-90% de los individuos con demencia en algún momento de la enfermedad. La agitación es un término que se utiliza con mayor frecuencia en la literatura para describir los comportamientos perturbadores (Cohen-Mansfield et al., 1992). Camberg y otros, (1999), describen la agitación como un comportamiento que comunica a otros que el sujeto está experimentando un estado de excitación desagradable. Se trata de comportamientos que pueden observarse sin interpretación subjetiva, que no son estrictamente causados por el cuidado y que no están intencionalmente motivados. Cohen-Mansfield (1999), conocido por su extensa investigación sobre conductas disfuncionales asociadas con la demencia, describe cuatro clases de conductas perturbadoras (Cohen-Mansfield, 1999): conductas físicamente agresivas (por ejemplo, empujar, morder...), conductas físicamente no agresivas (por ejemplo, movimientos repetidos, pasividad, vagar...), conductas verbalmente agresivas (por ejemplo, gritar, insultar...) y conductas verbalmente no agresivas (quejas, peticiones repetidas).

Varios autores (Camp et al., 1999, 2000; Algase et al., 1996; Kolanowski et al., 2002; Antonakos y Colling, 2001) añaden pasividad, apatía, aislamiento y baja participación en actividades a los comportamientos disfuncionales asociados con la demencia. Sin embargo, se han realizado pocas investigaciones sobre este aspecto de los comportamientos disfuncionales (Antonakos y Colling, 2001). Además, es sólo en los últimos diez años que los investigadores han incluido observaciones de afecto para evaluar el efecto de sus intervenciones (Beck et al., 2002; Lawton, 1994).

Por lo tanto, la revisión bibliográfica se centra desde el principio en las intervenciones no farmacológicas. Más específicamente, las intervenciones individualizadas y sus efectos se describen de manera similar a los estudios del enfoque Montessori aplicado a los clientes con demencia.

3.1 Intervenciones no farmacológicas

En su revisión de la literatura, Mahendra (2001) esboza cinco principios importantes que deben ser respetados para satisfacer eficazmente las necesidades y capacidades de esta clientela: la repetición, la participación activa de las mujeres y los niños en la vida cotidiana.

s en la actividad, la reducción de errores, el uso de claves para fomentar el recuerdo, y el uso de tareas simples en lugar de complejas. También informa de algunas intervenciones que utilizan uno o más de estos principios, a saber: el uso de cuestionarios para promover el recuerdo y la estimulación multisensorial o las intervenciones de estimulación cognitiva. Sin embargo, las intervenciones informadas tienen como objetivo mejorar y mantener la capacidad en las personas con demencia leve a moderada, pero no están necesariamente adaptadas para las personas con demencia grave.

En 1995, Camp y Vance iniciaron programas piloto para personas con demencia de moderada a severa basados en el enfoque Montessori en un centro de día en Nueva Orleáns y en el Centro Memorah Park para el Envejecimiento en Cleveland (Camp et al., 1996). Una serie de estudios de caso demostraron que el uso de las actividades prácticas de la vida y las actividades sensoriales Montessori conducen a una participación más activa de las personas con demencia y, en algunos casos, a una mejora de las capacidades funcionales. Sin embargo, los autores no especifican las características de los sujetos estudiados, sino que reportan observaciones clínicas sobre la efectividad del método.

Van Haitsma y Ruckdeschel (2001) revisaron diferentes intervenciones utilizadas con personas con demencia moderada a grave. Primero, informan sobre algunos programas diseñados para mejorar la independencia funcional, tales como grupos de ejercicio o actividades de vestirse. Estas actividades han demostrado una mejora significativa en la movilidad y el funcionamiento. Sin embargo, los autores no mencionan el efecto de estas actividades sobre el efecto observado e informado por los participantes. Luego, reportan programas que utilizan diferentes "tecnologías" para mejorar el bienestar, incluyendo el enfoque de Snoezelen, la terapia de presencia simulada y el uso de grabaciones de sonido de olas y cascadas. Sin embargo, ha habido pocos estudios de estos programas, que demuestran las limitaciones de estos enfoques más que los beneficios. Por ejemplo, un estudio del enfoque de Snoezelen (Baker et al, 1997), mostró una disminución en los comportamientos perturbadores y un aumento en las habilidades de comunicación verbal entre los participantes que vivían en casa, pero estos efectos no se demostraron entre las personas con demencia residencial. Asimismo, un estudio sobre los efectos de un entorno de "ruido blanco", es decir, uno que incluye sonidos relajantes (ondas, fuentes, música suave) (Burgio et al., 1996) mostró una disminución de los comportamientos perturbadores en algunas personas con demencia, aunque no en todas. Así, aunque algunos estudios han demostrado el potencial de utilizar estas diferentes "tecnologías" para mejorar la calidad de vida, muchas cuestiones siguen sin resolverse, como la frecuencia óptima de las intervenciones, el mecanismo que explica su eficacia o la clientela con la que se maximizan los efectos.

Según los autores, las terapias alternativas son las más populares en los entornos residenciales, aunque no todas han sido estudiadas. Incluyen, entre otras cosas, musicoterapia, reminiscencia, masaje y terapia con mascotas. La reminiscencia y la musicoterapia son las actividades que han sido objeto de más estudios que muestran una mejora en el afecto y una disminución de los comportamientos perturbadores (Van Haitsma y Ruckdeschel, 2001). Sin embargo, según estos mismos autores, los estudios que se han centrado en otras actividades como el masaje y la terapia con mascotas son mucho menos rigurosos y a menudo consisten en observaciones clínicas. Aunque la mayoría muestra algunos beneficios, particularmente en la reducción de la ansiedad, éstos no parecen aplicarse a todos los sujetos. De hecho, un estudio de Brooker et al. (1997) mostró que el masaje puede aumentar la agitación en algunas personas. La acupuntura, la aromaterapia, la terapia de humor y el uso de TENS (Transcutaneous Electrical Nerve Stimulation) también son terapias alternativas, pero su uso es mucho menos frecuente y más controvertido (Van Haitsma y Ruckdeschel, 2001). Además, los beneficios reportados por la aromaterapia y la terapia de humor son más observaciones clínicas y necesitarían ser estudiadas más rigurosamente. Finalmente, la terapia de validación, que fue desarrollada en los años 70 por Feil, sólo ha sido estudiada en tres ocasiones durante todos estos años. Sin embargo, los estudios muestran una disminución significativa de los comportamientos perturbadores.

La lista de terapias alternativas podría ser aún más larga. Sin embargo, aunque estos diferentes tipos de intervenciones apuntan al bienestar de las personas con demencia, ninguno de estos autores se ha centrado en satisfacer las necesidades psicológicas básicas como la autoestima y los logros, y pocos estudios tienen un modelo teórico subyacente al tipo de actividad estudiada. Varios elementos pueden influir en los efectos de estas diferentes terapias: hábitos de estilo de vida, espiritualidad, creencias de los sujetos o simplemente amar o ser alérgico a los animales. Según Van Haitsma y Ruckdeschel (2001), pueden tener valor cuando se individualizan para la persona misma. Sin embargo, todavía se necesitan muchos estudios para identificar las actividades apropiadas para los diferentes tipos de clientes y las razones de los resultados positivos obtenidos con ciertos tipos de intervenciones.

Forbes (1998), en una revisión sistemática de la literatura sobre estrategias para el tratamiento de la sintomatología conductual relacionada con la demencia de Alzheimer (1985-1997), informó 45 artículos considerados adecuados, de los cuales sólo uno fue calificado como "bueno", seis como "medio", 20 como "muy medio" y 18 como "deficiente". Forbes informa que estrategias tales como caminatas programadas, terapia con mascotas, un programa para enfocar la atención, entrenamiento en habilidades para la vida, música y barreras visuales han dado resultados prometedores en conductas agresivas, agitadas y perturbadoras, interacciones sociales, autocuidado, perturbaciones diurnas y nocturnas y vagancia. Sin embargo, para el tratamiento del comportamiento agresivo y agitado, sólo se informa de un artículo considerado promedio. Este es el estudio de Holmberg (1997) que muestra que un programa de caminata puede reducir el número de eventos agresivos en una unidad para personas con demencia en un 30%. También menciona seis estudios que se consideran

"Estos incluyen terapia de presencia simulada (Woods y Ashley, 1995), terapia de luz (Lovell, et al., 1995), música relajante (Tabloski et al., 1995) y música clásica (Casby y Holm, 1994). Finalmente, un artículo de Rosswurm (1991), considerado "medio", muestra un aumento significativo de la participación en actividades durante un programa diseñado para atraer la atención.

3.2 Intervenciones individualizadas

Van Haitsma y Ruckdeschel (2001) identifican otro tipo de programa que puede ser particularmente beneficioso para las personas con demencia de moderada a grave. Estos son programas que se enfocan en el cuidado individualizado. Van Haitsma y Ruckdeschel (2001), entre otros, reportan estudios de Buettner et al (1999), Russen-Rondinone et al (1996), Gerdner (2000) y Van Haitsma, (2000) que demuestran el impacto significativo que los programas individualizados tienen en la calidad de vida de las personas con demencia. Estos autores coinciden en que el tratamiento se adapta mejor a los aspectos cognitivos, emocionales, físicos y sociales de la persona y, por lo tanto, puede maximizar los beneficios obtenidos en estos diferentes niveles por la actividad. Este tipo de intervenciones también permiten respetar los intereses de cada residente. Los autores identifican diferentes tipos de intervenciones centradas en la atención individualizada: actividades físicas, tareas de archivo, masajes, escucha de música y caricias por parte del personal. Sin embargo, estas actividades tienen objetivos de intervención muy diferentes y, aunque los autores informan que contribuyen a mejorar la calidad de vida, ninguno de los estudios se centró en satisfacer las necesidades de autoestima y de rendimiento de las personas con demencia a través de estas actividades.

En un estudio sobre conductas perturbadoras verbales, Cohen Mansfield (2001) demostró que media hora de intervención individual por día durante diez días fue efectiva para reducir las conductas verbales disfuncionales en un 54%.

Orsulic-Jeras (2001) también informa sobre los beneficios de las actividades individualizadas con pacientes con demencia. Además de permitir una mayor estructura y atención a la

Como residente, también permite ofrecer un programa adecuado a la persona con déficits cognitivos, es decir, una intervención individualizada adaptada a sus capacidades e intereses. Por ejemplo, ha experimentado con el enfoque Montessori con personas con demencia de moderada a severa. Según él, este es un enfoque que puede satisfacer las capacidades y necesidades de esta clientela, porque ofrece un material estructurado, simple y modificable según el nivel de capacidades, atractivo y autocorrectivo. Finalmente, durante su investigación, Camp y su equipo (1999, 2000) demostraron los efectos positivos del uso de este método en el nivel de participación en la actividad de las personas con demencia, así como en el efecto observado durante la actividad.

3.3 El trabajo de Camp y su equipo

Camp y sus colaboradores estudiaron los efectos del enfoque Montessori durante tres años de investigación. En primer lugar, estudiaron el efecto del enfoque sobre la participación en la actividad (1999). Se reclutaron 19 participantes con demencia (Alzheimer, demencia vascular o mixta diagnosticada por un neuropsicólogo) en un centro de día (11 mujeres y 8 hombres). El funcionamiento cognitivo de los participantes se evaluó mediante el Mini-Mental State Exam (MMSE). Los participantes obtuvieron una puntuación de entre 7 y 24 sobre 30, con un promedio de 17. Los autores también evaluaron el nivel funcional utilizando la Escala de Observaciones Multidimensionales para Sujetos Ancianos (MOSES), el estado depresivo utilizando la Escala de Cornell para la Depresión en la Demencia (CSD) y la agitación utilizando el Inventario de Agitación Cohen-Mansfield (CMAI). Los participantes fueron divididos en dos grupos basados en su desempeño en el MMSE; un grupo de control participando en actividades regulares y un grupo experimental participando en actividades Montessori. Los dos grupos no fueron estadísticamente diferentes según MMSE, MOSES, CSD y CMAI.

El equipo de investigación del campamento y sus colaboradores desarrollaron una escala para evaluar la participación en la actividad; la Escala de Compromiso del Instituto de Investigación Myers (MRI-ES). La escala se dividió en cuatro categorías: participación activa, participación pasiva, no participación y participación no relacionada con la actividad. Los participantes en ambos grupos fueron observados tres veces durante el estudio, antes de la introducción de las actividades Montessori, después de cuatro meses (después de la prueba 1) y al final del estudio, después de ocho meses (después de la prueba 2). Fueron observados durante cuatro períodos de diez minutos durante el día, dos en la mañana y dos en la tarde. Los participantes fueron observados durante las actividades regulares de los grupos experimentales y de control para la evaluación al comienzo del estudio. Para las post-pruebas 1 y 2, los participantes en el grupo experimental fueron observados durante las actividades Montessori y los participantes en el grupo de control fueron observados durante las actividades regulares. Para un todos los participantes en el grupo experimental participaron en actividades Montessori individuales y grupales (3-6 participantes). Las actividades de grupo seleccionadas para el estudio fueron una actividad de lectura en la que se les pidió a los participantes que leyeran una historia de dos páginas y respondieran preguntas sobre ella, así como un bingo de memoria. Las actividades individuales fueron en dos formas: un programa intergeneracional donde los sujetos eran mentores de niños pequeños para demostrar cómo completar una actividad Montessori y las actividades Montessori también fueron utilizadas individualmente con los participantes. Las intervenciones Montessori se llevaron a cabo dos veces al día, 45-60 minutos por la mañana y por la tarde. Las actividades regulares siguieron el programa habitual e incluyeron actividades artísticas, programas musicales, grupos de ejercicio, proyecciones de películas, juegos de cartas y grupos de discusión.

Los autores reportan un aumento significativo en la participación activa en la actividad y una disminución significativa en la participación pasiva durante las actividades Montessori. Sin embargo, informaron que observaron muy poca "participación no relacionada con la actividad" y "no participación" durante sus observaciones para poder analizar estadísticamente sus resultados. Los tipos de actividades Montessori utilizadas fueron muy variados (actividades individuales vs. actividades grupales) y los autores no mencionan si las observaciones variaron según el tipo de actividades. Además, los autores no describen las actividades utilizadas para las intervenciones individuales e intergeneracionales. Tampoco mencionan si las mismas partes interesadas presentaron las actividades experimentales y de control. Sin embargo, la fidelidad entre evaluadores, la única calidad psicométrica estudiada para la evaluación interna del nivel de participación de los sujetos, fue superior al 90%.

Además, en un segundo estudio (2000), estudiaron el efecto del uso de este enfoque sobre la participación en la actividad y sobre el afecto observado usando la Escala de Calificación de Afecto con una clientela alojada. Por lo tanto, seleccionaron 16 participantes (14 mujeres y dos hombres) de un refugio (MMSE: 0-19, promedio 6.1). Al igual que en el primer estudio, monitorearon las mediciones contra MOSES, CSD y CMAI. Además, los investigadores desarrollaron una prueba para evaluar las habilidades motoras, sensoriales, cognitivas y sociales residuales de los participantes basadas en las actividades Montessori, el Myers Menorah Park/Montessori-Based Assessment System (MMP/MAS), que no está descrito y cuyas cualidades psicométricas no han sido estudiadas.

Para este estudio, utilizaron un diseño de "caso único", en el que cada participante era su propio testigo. Las actividades regulares del refugio se utilizaron como condición de control. Fueron actividades de grupos grandes (10-20 participantes) como ejercicios, películas, grupos de discusión, narración de cuentos, juegos y programas musicales que permiten a los participantes interactuar con instrumentos, actividades de estimulación sensorial (masaje de manos, aromaterapia, tai chi) en pequeños grupos (3-10 participantes) y actividades individuales (actividades de mesa, rompecabezas...). El programa Montessori se llevó a cabo a través del programa regular de la unidad de alojamiento y se pusieron a disposición de los participantes dos tipos de intervenciones: actividades individuales (actividades prácticas de la vida) y dos actividades en grupos pequeños: bingo de memoria y una actividad de clasificación (los sujetos deben clasificar las fotos en categorías y discutir sus elecciones). Los asistentes de investigación y el personal de recreación recibieron sesiones de capacitación sobre el método Montessori, cómo presentar las actividades y los resultados de los exámenes, y capacitación en demencia. Los participantes recibieron la intervención Montessori dos veces por semana durante 15-30 minutos por sesión con asistentes de investigación o personal de recreación y las observaciones se hicieron tres veces, ya sea antes del estudio, después de tres meses (después de la prueba1) y al final del estudio, o después de seis meses (después de la prueba 2). Al principio del estudio, los participantes fueron observados cuatro veces (dos por la mañana y dos por la tarde) durante las actividades regulares, mientras que en las pruebas posteriores 1 y 2, fueron observados cuatro veces durante las actividades regulares y Montessori. Al igual que en el primer estudio, Camp y sus colaboradores midieron el nivel de participación en la actividad utilizando la evaluación que desarrollaron. Además, midieron el efecto observado usando la Escala de Calificación de Afecto del Centro Geriátrico de Filadelfia (ARS) (Lawton et al., 1996). Una vez más, demostraron un aumento significativo en la participación activa en la actividad, una disminución significativa en la participación pasiva, mientras que observaron muy poca participación en la no actividad y en la no participación. Además, también demostraron un aumento significativo en el placer y una disminución en la ansiedad/miedo durante las actividades Montessori. Además, los autores reportan una disminución en el placer, la ansiedad y el miedo entre la primera y la segunda prueba. El enojo y la tristeza evaluados usando el LRA no fueron observados con la suficiente frecuencia para ser analizados.

Los autores no pueden explicar la disminución en el placer y la ansiedad/miedo entre el post-test 1 y el post-test 2, sin embargo, sostienen que a pesar de esta disminución, el efecto positivo general de las actividades Montessori sobre el placer y la ansiedad/miedo sigue siendo significativo. Además, no parecen haber analizado los resultados según el tipo de actividades Montessori utilizadas (individuales vs. grupales). Además, los autores no mencionan cómo se eligieron las actividades regulares.

para los diferentes participantes y no especifican el tiempo entre la observación de los sujetos durante la condición experimental y la condición de control. Como este es un tipo de cita "Este es un elemento importante a considerar con una clientela que sufre de demencia degenerativa. Una vez más, tampoco mencionan si los mismos oradores presentaron las actividades experimentales y regulares. Por último, los autores señalan una limitación a su estudio que hay que tener en cuenta, a saber, que tuvo lugar en un centro en el que el personal administrativo, el personal de enfermería y el personal de ocio están abiertos a la innovación y en el que se valoran las actividades individuales. Los resultados pueden ser diferentes en un centro donde se favorecen las actividades de grupo.

Finalmente, Camp y su equipo (2000) realizaron un tercer estudio con los residentes de una unidad especial para personas con demencia. Se planteó la hipótesis de que los resultados anteriores se verificarían de nuevo y que también se vería una disminución de los comportamientos perturbadores. De los 44 residentes de la unidad reclutados inicialmente, 25 completaron el estudio (23 mujeres y dos hombres; MMSE 0 - 23, media: 11). Todos los participantes tenían demencia (Alzheimer (17), vascular (6) y mixta (2)). Los autores dividieron a los participantes en dos grupos (control y experimental) y los emparejaron de acuerdo con los resultados del MMSE, MMP/MAS y la subprueba de la Wilkinson Wide Range Achievement Test (WRAT3) (1993).

Las actividades regulares de la unidad se utilizaron como condición de control. Estas fueron actividades de grupos grandes (10-20 participantes) tales como bingo, cuentos, pruebas, ejercicios, actividades deportivas modificadas (golf, baloncesto), ver películas, grupos de discusión y actividades musicales, actividades de estimulación sensorial (masajes, aromaterapia, tai chi) en grupos pequeños (3-10 participantes) y actividades individuales (visitas terapéuticas y estimulación sensorial). Las actividades Montessori fueron las mismas que en los dos estudios anteriores: bingo de memoria, narración de historias con preguntas relacionadas y actividades individuales (actividades prácticas de la vida). Las actividades Montessori se realizaron al menos dos veces por semana y los autores informan que las actividades individuales duraron entre 10 y 30 minutos, mientras que las actividades grupales duraron entre 25 y 60 minutos. No se informa la duración de las actividades regulares.

Para evaluar el efecto de las actividades Montessori, los autores evaluaron a los participantes usando el MMSE antes de que comenzara el estudio y al final, nueve meses después. Además, se evaluó la autonomía funcional mediante el uso de MOSES, el estado emocional mediante CSD y los comportamientos perturbadores mediante CMAI. Para estas evaluaciones, las enfermeras de la unidad fueron entrevistados por el personal de investigación. Además, se administraron MRI-ES y ARS a los participantes tres veces al principio del estudio, después de tres meses (después de la prueba 1) y seis meses (después de la prueba 2). Al principio del estudio, se observaron grupos de control y experimentales durante las actividades regulares para evaluar el afecto y la participación. Luego, en las post-pruebas 1 y 2, los participantes del grupo control fueron observados sólo durante las actividades regulares, mientras que los participantes del grupo experimental fueron observados durante las actividades regulares y Montessori. Las observaciones se realizaron cuatro veces, dos por la mañana y dos por la tarde, por períodos de diez minutos.

Los autores reportan una participación más activa y menos pasiva en las actividades Montessori entre los participantes del grupo experimental en comparación con los del grupo de control. Además, los participantes en el grupo experimental también mostraron una participación más activa y menos pasiva en las actividades Montessori que en las actividades regulares. Finalmente, la participación activa y pasiva observada durante las actividades regulares fue similar para los participantes de ambos grupos. Por último, los autores informan de una frecuencia muy baja de participación relacionada con la no actividad y la no participación, lo que hizo imposible el análisis. Sin embargo, señalan que sólo observaron estos tipos de participación durante las actividades regulares.

Camp y su equipo reportan un efecto positivo similar para ambos grupos en la primera observación, pero un mayor incremento en el efecto positivo entre los participantes en el grupo experimental después de la introducción de las actividades Montessori. Además, los participantes en el grupo experimental muestran un efecto más positivo durante las actividades Montessori que durante las actividades regulares. Además, el efecto observado en ambos grupos fue comparable durante las actividades regulares. Finalmente, al igual que las medidas de participación y no participación no relacionadas, los efectos negativos (ira, tristeza y ansiedad) se observaron sólo unas pocas veces y no pudieron ser analizados.

Por último, los autores afirman que no pudieron analizar los datos sobre conductas perturbadoras porque, al igual que la no participación, la participación no relacionada y el afecto negativo, no tuvieron suficientes observaciones para realizar análisis estadísticos.

Al igual que en los dos estudios anteriores, los autores no proporcionan ningún detalle sobre las actividades Montessori utilizadas individualmente y sobre los criterios utilizados para elegir las actividades regulares. Tampoco especifican si los mismos ponentes presentaron las actividades experimentales y regulares. Además, no mencionan la influencia que las actividades individuales pueden tener en las observaciones en comparación con las actividades de grupo. Finalmente, en la metodología del estudio, la los autores informan que evaluaron las conductas perturbadoras mediante el cuestionario del CMAI, que fue completado dos veces (al principio del estudio y en la segunda prueba) por enfermeras. Sin embargo, los análisis realizados muestran que los dos grupos (control y experimental) fueron comparables cuando se observaron durante las actividades regulares. Esto muestra que el efecto de las actividades Montessori no sería acumulativo para los participantes. Por lo tanto, es irrelevante investigar los efectos a largo plazo de las actividades Montessori sobre el comportamiento perturbador.

3.4 El trabajo de Vance y su equipo

Por su parte, Vance y Porter (2000) estudiaron el efecto de la actividad Montessori sobre las funciones cognitivas de las personas diagnosticadas con probable enfermedad de Alzheimer (MMSE: 5-23) que asisten a dos centros de día en Nueva Orleáns. Un total de 15 participantes participaron en el estudio y fueron asignados aleatoriamente a dos grupos. Los participantes fueron evaluados tres veces antes del estudio, a los tres meses y al final del estudio, o a los seis meses. Se administraron ocho pruebas diferentes a los participantes durante estas tres recolecciones de datos. The MMSE, Mattis' Dementia Rating Scale (DRS) (1988), Wechsler's Digit Forward-Weschler Memory Scale-Third Edition (WISC-III) (1981), Wechsler's Vocabulary-Weschler Intelligence Scale-Third Edition (WISC-III) (1981), Kaplan's Boston Naming Test, Goodglass and Weintraub (1978), la Visual-Discrimination Form Task (VDFT) de Benton, Hamsher, Varney y Spreen (1983), la Parachek Geriatric Behavior Rating Scale (PGBRS) de Miller y Parachek (1974) y las Ordinal Scales of Psychological Development (OSPD) de Auer y Reisberg (1995), que incluye cinco escalas para las tareas de Piagetian. Para comparar el efecto de las actividades Montessori, se midieron las capacidades cognitivas antes y después de una intervención Montessori y antes y después de las actividades regulares (condición de control). El material Montessori utilizado incluía actividades sensoriales, actividades prácticas de la vida y actividades de lenguaje y matemáticas. El personal que trabaja con este equipo ha sido entrenado durante dos semanas sobre su uso.

Después de los primeros tres meses del estudio, los participantes fueron invertidos, lo que significa que el grupo que participaba en las actividades Montessori participó en actividades regulares y viceversa, durante los siguientes tres meses del estudio. Por lo tanto, los participantes fueron sus propios testigos de la condición de control. Para la condición experimental, los participantes fueron expuestos a actividades Montessori durante dos períodos de una hora al día. Había una variedad de tareas disponibles y las partes interesadas seleccionaron las actividades que los participantes podían y querían realizar. Se respetó al máximo la forma de presentar las actividades defendidas por Maria Montessori. Las actividades regulares utilizadas para la condición de control incluían actividades tales como música, socialización y coloración. No se mencionó la frecuencia de las intervenciones para este tipo de actividades. Los autores midieron las puntuaciones de cambio para evaluar el efecto de las actividades Montessori, es decir, compararon las mediciones obtenidas después de las actividades Montessori o de control con las mediciones obtenidas anteriormente. Demostraron una mejoría significativa en el funcionamiento cognitivo después del tratamiento con equipos Montessori en ambos grupos, aunque estuvieron expuestos a la intervención experimental y de control en un orden diferente. Sin embargo, los autores reportan una limitación a su estudio: el aspecto innovador del material Montessori puede haber tenido un efecto positivo falso en los participantes. Además, las actividades utilizadas como condiciones de control rara vez se describen, aunque su naturaleza puede influir en su efecto sobre el funcionamiento cognitivo. De hecho, las actividades que proporcionan poca estimulación cognitiva o sensorial pueden tener un efecto muy diferente en el participante que una actividad muy estimulante.

3.5 Objetivos del estudio

El objetivo de estos cuatro estudios fue medir los efectos beneficiosos del uso de equipos Montessori con clientes que sufren de demencia. Camp et al (1999, 2000) utilizaron materiales de vida práctica para actividades individualizadas y aunque Vance y Porter (2000) reportan el uso de materiales sensoriales, no reportan los beneficios de usar estos materiales. Además, no se han demostrado los efectos del uso de las actividades Montessori en el comportamiento perturbador. Por último, sólo el estudio realizado por Camp y su equipo (2000) en centros de atención a largo plazo se aplica a clientes con demencia de moderada a severa, ya que los que asisten a los centros de día presentan un deterioro cognitivo y funcional mucho menor. Finalmente, estos cuatro estudios recolectaron datos en tres etapas: antes del inicio del estudio, después de tres meses y al final. Por lo tanto, los autores asumieron los posibles efectos a largo plazo del uso de las actividades Montessori. Además, en uno de los estudios de Camp (2000), se utilizó una sola estimación de caso en la que cada participante se convierte en su propio testigo, lo cual es contradictorio, ya que las actividades deben tener un efecto no acumulativo, sino más bien inmediato y a corto plazo. Esta evidencia reciente justifica la elección metodológica de nuestro estudio, que también es un estudio de "caso único", pero que considera los efectos inmediatos en lugar de los efectos a largo plazo.

A la luz de esta revisión de la literatura, hay una falta de conocimiento para demostrar los efectos inmediatos del uso de este enfoque con clientes con demencia de moderada a grave. Por ello, nuestro estudio se centra en la medición de los efectos de diferentes actividades

Montessori para personas con demencia de moderada a grave sobre el afecto, el estado de ánimo, la participación activa y los comportamientos disfuncionales (Revisión Cochrane traducida).

CAPÍTULO 4
METODOLOGÍA

Este capítulo describe primero la población seleccionada para el estudio y el muestreo. Luego se describen la cita, la recopilación de datos, las intervenciones Montessori y las intervenciones con placebo. A continuación se presentan las herramientas para medir las variables de control y las variables dependientes. Finalmente, se reportan las consideraciones éticas y el procedimiento de análisis.

4.1 Población

Este estudio se llevó a cabo en el Centro Residencial de Veteranos del Centre Hospitalier de l'Université Laval con una clientela de 60 años o más, que padecía déficits cognitivos de moderados a graves. El Hogar de Veteranos está formado exclusivamente por Veteranos, y por lo tanto principalmente por hombres. La muestra incluye a todos los residentes con demencia de moderada a severa, es decir, aquellos que obtuvieron una puntuación de 15 o menos de 30 en el Mini-mental State Exam (MMSE), o alrededor de 15 personas. Los únicos criterios de exclusión fueron el resultado del Mini-mental State Exam a partir de los 15 años y, por supuesto, la negativa a participar en el estudio.

4.2 Muestreo y muestreo

Algunas consideraciones éticas influyeron en la selección de los sujetos. En efecto, al ser candidatos "no aptos", el consentimiento para la participación del sujeto debía obtenerse del representante legal. Sin embargo, la mayoría, si no casi todos, de los residentes "incompetentes" no tenían un mandato certificado de incapacidad. Por lo tanto, es imposible obtener el consentimiento legal para la participación de los sujetos. Los criterios de inclusión tuvieron que ser modificados para permitir la participación de sujetos que pudieran proporcionar su propio consentimiento informado. Así, todos los residentes que obtuvieron 23 o menos en el Mini-mental State Exam (MMSE) y que fueron considerados competentes para dar su consentimiento informado por su médico tratante y un geriatra, así como todos los residentes con un representante legal o curador, fueron invitados a participar en el estudio.

Por lo tanto, sólo se excluyó a los residentes que se negaron a dar su consentimiento o a los residentes incompetentes sin representación legal. Por lo tanto, la muestra final estaba compuesta por 14 participantes.

4.3 Cotización

Este es un estudio cuasi-experimental en el que los sujetos se comparan a sí mismos durante su participación en tres tipos de intervenciones. El estado de ánimo, el afecto, los comportamientos perturbadores y la participación en la actividad se miden en situaciones reales y retardadas a partir de un vídeo. Además, cada participante fue evaluado dos veces bajo las tres condiciones: ninguna actividad propuesta, actividades de ocio regulares y actividades Montessori.

4.4 Recolección de datos

Las mediciones durante las actividades se realizaron mediante la observación directa (por parte del autor del alumno) y la observación indirecta (visualización de las grabaciones de vídeo de las sesiones de actividad). En dos ocasiones, cada participante fue filmado y observado durante una actividad Montessori de 20 minutos (programa experimental) y una actividad regular de 30-60 minutos (programa placebo). Por último, cada participante también fue filmado en ausencia de actividad durante un período de diez minutos. El intervalo de tiempo entre las dos mediciones fue de una a dos semanas.

El trabajador de recreación capacitado era responsable de las actividades Montessori, así como de las actividades regulares (juegos, bingo, actividades musicales). La actividad habitual observada se eligió en función de los intereses del participante, es decir, aquella en la que más había participado durante el mes anterior al estudio. Las intervenciones Montessori se realizaron individualmente y se seleccionó la categoría de equipo sensorial para este estudio.

4.5 Intervenciones Montessori

Una maestra que recibió la certificación Montessori se reunió con la interventora para asegurar el uso correcto y óptimo del material de acuerdo con el enfoque Montessori. Además, el facilitador experimentó con el uso de este material durante varios meses antes de la recolección de datos para familiarizarse con las diversas actividades y cómo presentarlas y adaptarlas de acuerdo con las habilidades de los participantes.

La intervención tuvo lugar en una sala cerrada y el participante estaba solo con el interviniente. El observador estaba de pie para no molestar al participante activo. Todo el material estaba a disposición del facilitador para que éste pudiera acceder fácil y rápidamente a las actividades que correspondan a sus intereses y habilidades.

La actividad fue presentada de acuerdo con la "técnica de la lección" en la medida de lo posible. El facilitador captó la atención del participante y le mostró las posibilidades mediante ejemplos y breves explicaciones. Es importante limitar la cantidad de información transmitida para no confundir al participante. A continuación, cuando este último no mostró ningún interés por la actividad o parecía experimentar demasiadas dificultades, la parte coadyuvante la retiró, evitando hacer comentarios y dejándole ver sus eventuales fracasos. Para respetar el enfoque Montessori, es importante dejar que el participante trabaje en un ambiente tranquilo, con una intervención mínima. Por el contrario, el interventor debe seguir siendo un observador discreto, garantizando al mismo tiempo que se ofrezcan al participante las condiciones óptimas para facilitar su éxito. Sin embargo, dado que el propósito de la actividad no es tanto su propósito como su realización, el enfoque no se centró en el éxito.

Las actividades sensoriales son actividades de clasificación de objetos según su textura, temperatura, tamaño, forma, color... También puede ser la inclusión de formas, puzzles de mapas, animales o partes de plantas. Por último, también hay marcos de vestir (abotonar, atornillar, doblar, etc.), objetos para apilar, enhebrar o asociar con dibujos, etc. Por lo tanto, estas actividades implican funciones sensoriales, cognitivas, ejecutivas y motoras. Por ejemplo, aquí hay una lista de las principales capacidades relacionadas con cada función.

- Funciones sensoriales: gnosis visual, auditiva y olfativa, estereognosis, percepción visual-espacial, escaneo visual, etc.
- Funciones cognitivas: atención-concentración, comunicación verbal y no verbal, comprensión de instrucciones, memoria, abstracción, juicio, análisis, etc.
- Funciones ejecutivas: iniciativa, organización, capacidad de seguir secuencias, resolución de problemas, autoevaluación, autocorrección, perseverancia, etc.
- Funciones motrices: destrezas motrices gruesas (movimientos de las extremidades superiores, agarre), coordinación, praxis, destrezas motrices finas, etc.

4.6 Intervenciones con placebo

Las intervenciones "placebo" seleccionadas, es decir, las del programa regular de la comunidad, son actividades musicales, juegos en grupo y bingo. Como se mencionó anteriormente, la actividad seleccionada para cada tema fue aquella en la que habían participado con mayor frecuencia en el mes anterior o en la que mostraron mayor interés.

Las actividades musicales dirigidas por músicos-cantantes y residentes están invitadas a participar ya sea cantando, aplaudiendo o utilizando diversos instrumentos como maracas, maracas, panderetas, etc. El trabajador de recreación está presente en esta actividad para estimular la participación de los residentes.

Los juegos en grupo son actividades como casinos, concursos, sacos de arena, parchís gigante, bolos.... que involucran a unos diez residentes a la vez, dependiendo de sus intereses. Estos juegos son administrados exclusivamente por el trabajador de recreación.

Finalmente, el bingo, también conducido por el trabajador de recreación, se lleva a cabo semanalmente. Estos tres tipos de actividades regulares duran una hora. La observación fue hecha durante un período de 20 minutos en medio de la actividad por un observador (el estudiante autor) ubicado en el fondo.

Finalmente, también se observó a todos los participantes durante períodos de inactividad de diez minutos. "Inactividad" significa que el participante está en su habitación, en la unidad o en la sala de estar, pero no está involucrado en ninguna actividad como leer, comer, discutir, ver televisión... Para evitar influenciar al participante con nuestra presencia, no se hizo ninguna observación directa. Los datos fueron recogidos únicamente del vídeo.

4.7 Medición de variables de control

Cada participante fue pre-evaluado para documentar sus habilidades cognitivas usando el MMSE y sus habilidades funcionales usando el Sistema de Medición de Autonomía Funcional (SMAF). El MMSE se presenta en el Apéndice A y el SMAF en el Apéndice B. El MMSE incluye 11 ítems sobre memoria, orientación, atención y cálculo, lenguaje y praxis constructiva. La puntuación máxima es 30, una puntuación inferior a 24 indica la presencia de deterioro cognitivo general y una puntuación inferior a 10 indica deterioro cognitivo grave. Es una prueba traducida a varios idiomas y ampliamente utilizada en la investigación. La versión utilizada para este estudio fue la estandarizada en el área de Montreal por Taillefer y Geneau (1996). Los estándares se establecieron con 282 sujetos normales reclutados por convocatoria o por la red de referencia, de 60 a 96 años de edad y con entre 0 y 12 años de escolaridad. Se midió la fiabilidad de las pruebas de repetición en una muestra de 30 sujetos distribuidos por igual entre todos los grupos normativos. Se calcularon los valores de fidelidad de las pruebas de repetición utilizando los coeficientes de correlación de Pearson. El coeficiente de correlación obtenido es de 0,883, lo cual es un resultado alto. Los valores de sensibilidad y especificidad del MMSE-M (Mini-Mental State Exam-Montréal; una versión revisada del MMSE en una población francófona de Montreal en función de la edad y la educación) se examinaron a partir de las mismas muestras y se midieron utilizando la puntuación límite de 23 propuesta por Folstein y otros (1975). La sensibilidad se mide al 53,1% y la especificidad al 100%.

El SMAF es también una herramienta de medición ampliamente utilizada en la investigación. Es una escala de observación que mide la autonomía de la persona en cinco áreas: actividades de la vida diaria, movilidad, comunicación, funciones mentales y tareas domésticas. Cada uno de los 29 ítems se califica en una escala de 0 para autonomía a -3 para dependencia, con una puntuación mínima de -87. Se trata de un instrumento diseñado en francés que ha sido validado con una clientela de personas mayores frágiles. Tiene excelentes cualidades metrológicas: es fiable, válido y capaz de discriminar a personas con diferentes niveles de autonomía funcional (Desrosiers et al., 2001). La fidelidad entre jueces muestra una tasa de concordancia del 61% al 94% (p<0,01) y todos los valores de Kappa son superiores a 0,52 (p<0,01) excepto para una función, el idioma, donde p<0,05 (Hébert, Carrier y Bilodeau, 1988).

Para este estudio, los participantes que no pudieron completar ninguna de estas evaluaciones fueron seleccionados si estaban de acuerdo en participar en las actividades. Por último, la edad y el nivel de educación también se anotaron y se mantuvieron como variables de control.

4.8 Medición de variables dependientes

Como se describió anteriormente, los efectos del enfoque Montessori se midieron en base al estado de ánimo reportado por el participante, observaciones directas del afecto por parte de un evaluador, así como observaciones de un video: afecto, participación en la actividad y comportamientos disfuncionales.

4.8.1 El afecto

Los estudios que observan a las personas con demencia a menudo han ignorado el efecto emocional o la respuesta a la intervención. Sólo recientemente los investigadores han empezado a explorar los efectos positivos como el placer, el interés y la satisfacción (Vogelpohl y Beck, 1997, Lawton, 1994). Estos mismos autores describen el afecto como un indicador general del estado interior de la persona, un afecto positivo que sugiere un estado de buen funcionamiento y un afecto negativo un estado perturbado. Tappen y Barry (1995) describen el afecto como un término genérico que se refiere a sentimientos, estado de ánimo, emociones y temperamento. Además, la mayoría de los autores diferencian entre el estado de ánimo y el estado de ánimo. Según Tappen y Barry (1995), el estado de ánimo es un estado mental en el que una emoción emerge de la conciencia y permanece durante algún tiempo. Por lo tanto, el estado de ánimo debe evaluarse interrogando a la persona afectada. Sin embargo, el afecto observado se refiere más bien a una emoción experimentada en respuesta a un evento o pensamiento externo (Lawton et al., 1996). Es un indicador general y observable de las diferentes emociones positivas y negativas. *Evaluación de la tarea:*

Existen algunas herramientas para evaluar el afecto. Volicer et al (1999) desarrollaron una escala para observar el afecto, el FACE (nombre dado por los autores de Face Mood Evaluation) donde el observador debe calificar la expresión facial en una escala del 1 al 3. Vogelpohl y Beck (1997), por su parte, desarrollaron un instrumento para medir, a partir de una grabación de vídeo, los comportamientos que muestran un efecto positivo y negativo a través de la expresión facial, vocalizaciones o movimientos y postura. Esta es la Escala de Visualización Observable de Afecto (ODAS). Las escalas visuales-analógicas positivas (Lee y Kieckhefer, 1989) y negativas (Wewers y Lowe, 1990) permiten al observador clasificar, en una escala de 1 a 100, el grado de afecto positivo y negativo observado. Finalmente, el Instrumento de Calificación de la Emoción Aparente (Snyder et al. 1998) y la Escala de Calificación del Afecto (Lawton et al. 1996) son dos escalas de observación directa de seis emociones que expresan un efecto positivo o negativo.

La Escala de Calificación de Afecto del Centro Geriátrico de Filadelfia (ARS) (Lawton, VanHaitsma y Klapper 1996) mencionada anteriormente es una escala de observación de afecto ampliamente utilizada y estudiada en la literatura. También nos permite observar varios estados emocionales. Por lo tanto, es el instrumento utilizado para la observación del afecto en este estudio. Se adjunta como Apéndice C. Es una escala de observación de cinco estados emocionales (placer, ira, ansiedad/miedo, depresión/ tristeza, interés y satisfacción) desarrollada para clientes con demencia de moderada a severa. La observación se realiza en un período de diez minutos y el observador debe estimar la duración del tiempo que cada emoción fue expresada por los participantes: nunca, <16 segundos, 15-59 segundos, 1-5 minutos y >5 minutos. La validez convergente del ARS se calculó con MOSES (Helmes, Csapo, Short 1987) y Raskin Depression Scale (Guy 1976) para el estado emocional "tristeza". Los coeficientes de correlación son 0,25 y 0,21 respectivamente. El estado emocional "Placer" ha sido validado con la calificación CNA de Sociabilidad y muestra una correlación de 0,41. Para la evaluación de la fiabilidad entre calificadores, se hicieron un total de 243 observaciones emparejadas. Los autores reportan un Kappa de 0,76 a 0,89 para las diferentes emociones observadas (p<0,001) (Lawton et al. 1996). Los observadores habían recibido varias sesiones de capacitación y capacitación en el uso de la escala de observación.

Además, Lawton y otros (1999) evaluaron la fidelidad entre los evaluadores y dentro de los evaluadores basándose en la capacitación impartida al observador en otro estudio. A continuación, impartieron un mínimo de formación a cuatro asistentes de investigación y 15 enfermeras, incluyendo una sesión de formación de 30 minutos para explicar la cuadrícula y las diferentes emociones que debían observarse, seguida de una co-observación de cinco minutos con el investigador. Luego, evaluaron a 79 residentes con demencia de moderada a grave, alojada en un centro de cuidados a largo plazo. Los sujetos fueron observados dos veces, activos y no activos. Obtuvieron un porcentaje de acuerdo que oscila entre el 53% y el 91% y un coeficiente de correlación intra-clase de 0,02 a 0,67. Capacitaron a 96 enfermeras y cuatro asistentes de investigación durante varias sesiones. Estas incluyeron varias sesiones informativas sobre la escala de evaluación y los diferentes estados emocionales a observar y varias co-observaciones con el investigador. El porcentaje de acuerdo obtenido varía entre el 79% y el 90% y el coeficiente de correlación intra-clase entre 0,53 y 0,87. Así, según los autores, la intensidad de la formación de los evaluadores tiene una influencia significativa en la fidelidad de los evaluadores. Sin embargo, no informan de la intensidad del entrenamiento necesario para lograr un resultado satisfactorio y, aunque informan que han estudiado la fidelidad de la prueba-revisión, los resultados no se informan. Además, la tasa de desacuerdo sigue siendo relativamente alta para tres de las emociones observadas. Por lo tanto, aunque han estudiado su instrumento más de una vez, todavía se necesitan estudios para demostrar su validez, fidelidad y consistencia interna. La validez convergente reportada por los autores para los estados emocionales "tristeza" y "placer" es baja, aunque significativa. Además, no se reportan los resultados obtenidos para los otros estados emocionales. Además, la validez de constructo, la sensibilidad y la especificidad no parecen haber sido estudiadas. Finalmente, no se estudió la confiabilidad intra- e inter-rating. Por lo tanto, la evaluación de la tarea en observación directa, así como unos días después, (a partir de la observación de un vídeo), permitirá, dentro del presente estudio, verificar si las fidelidades intra e interevaluadoras seguirán siendo satisfactorias.

Evaluación del estado de ánimo:

Varios autores están de acuerdo en que el estado de ánimo es difícil de evaluar en personas con demencia porque creen que a menudo son incapaces de reportar sus sentimientos verbalmente (Lawton et al., 1996; Tappen y Barry, 1995; Kolanowski et al., 2002). Escalas visuales similares también son utilizadas ocasionalmente por los investigadores para evaluar el estado de ánimo reportado por los sujetos. En el caso de los clientes con demencia, se utilizan pictogramas para identificar los extremos de las escalas en lugar de las palabras. Sin embargo, una búsqueda bibliográfica extensa no encontró estudios que informaran las cualidades metrológicas del uso de estas escalas con clientes con demencia.

Para obtener una medida del estado de ánimo positivo y negativo desde la perspectiva del sujeto, seleccionamos la prueba Dementia Mood-Pictures (Tappen et al., 1995). Se adjunta como Apéndice D. Este es un cuestionario directo muy simple con imágenes para evaluar el estado de ánimo de las personas con demencia. Se presentan seis dibujos faciales muy sencillos que representan diferentes estados de ánimo (buen humor, mal humor, felicidad, tristeza, enojo y ansiedad) sobre el tema.

uno por uno. Debajo de cada imagen, una palabra que describe el estado de ánimo está escrita en mayúsculas de dos pulgadas de alto. Las imágenes son presentadas a la persona una por una, y la persona debe responder sí o no si siente la emoción presentada. Se da una puntuación de 0 a 2 dependiendo de la respuesta de la persona: sí, no o mucho. El instrumento fue validado con 85 personas en un centro residencial con demencia de moderada a grave. Los autores informan de una fidelidad entre evaluadores del 95-100%. Sin embargo, no se proporciona información sobre el proceso de validación del instrumento. Este instrumento no ha sido objeto de un proceso de traducción. Las únicas palabras utilizadas por el instrumento original para describir su estado de ánimo son: "buen humor", "mal humor",

"feliz", "triste", "enojado" y "preocupado". Como se ha descrito anteriormente, estas palabras están escritas en letras grandes debajo de la imagen y se utilizan para formular la pregunta que acompaña a la presentación de la imagen. Por lo tanto, al presentar la imagen de la cara sonriente, el evaluador debe interrogar al participante de la siguiente manera: "¿Estás de buen humor?" Para nuestra evaluación de los participantes, tradujimos la pregunta mientras que la imagen original con la palabra en inglés se mantuvo tal cual. Las palabras utilizadas para nuestra evaluación fueron: "buen humor", "mal humor", "feliz", "triste", "enfadado" y "preocupado" (por ejemplo: "¿Estás de buen humor?").

Sólo un estudio midió la correlación entre el afecto observado con la RSA (Lawton et al., 1996) y el estado de ánimo informado por la persona con DMPT (Tappen y Barry, 1995). Este es un estudio de caso de Kolanowski et al (2002). El sujeto estudiado es un hombre que vive en una residencia y sufre de demencia grave (MMSE: 4/30). El efecto se observó por primera vez con la ARS y la DMPT se administró inmediatamente después. La correlación entre todos los efectos positivos observados y el estado de ánimo informado del sujeto es $r = 0,42$, $p<0,0001$ y la correlación entre todos los efectos negativos observados y el estado de ánimo informado es $r = -0,46$, $p<0,0001$. Esta correlación negativa entre el efecto observado y el estado de ánimo reportado se debe a la tendencia del sujeto a reportar un estado de ánimo más positivo. Por lo tanto, los autores reportan una correlación significativa entre el estado de ánimo total reportado y el efecto observado. Sin embargo, cuando trataron de medir la correlación entre los diferentes estados emocionales individualmente, encontraron una baja correlación entre el estado de ánimo y el estado de ánimo.

"Happy" y lo observado afecta a la "satisfacción" $r = 0,24$, $p < 0,03$ y una correlación negativa entre el estado de ánimo "preocupado" del sujeto y la observación de ansiedad $r = -0,37$, $p < 0,0004$. Esta correlación negativa podría significar, según los autores, que los problemas de atención y memoria debidos a la demencia podrían tener un efecto protector contra la ansiedad. Finalmente, los autores no reportan ninguna relación significativa entre los otros estados emocionales reportados y observados. Además, los resultados obtenidos en este estudio demuestran la necesidad de impulsar aún más lejos de la investigación. Por lo tanto, será interesante comprobar la correlación entre el efecto observado y el estado de ánimo informado de nuevo con una muestra más grande.

4.8.2 Comportamientos perturbadores

Cohen-Mansfield y Billig (1986) definen la agitación como una actividad verbal, vocal o motora que se considera inapropiada y que no puede ser explicada directamente por las necesidades o confusión del paciente agitado. El comportamiento se considera inapropiado si es abusivo o agresivo, si aparece con una frecuencia inapropiada o si es contrario a las normas socialmente aceptadas para una situación determinada. Como se mencionó en la revisión de la literatura, varios autores también incluyen pasividad, apatía, aislamiento y baja participación en actividades con conductas disfuncionales asociadas con la demencia.

Evaluación de los comportamientos perturbadores de la agitación:

La tercera variable estudiada es la de los comportamientos perturbadores. Se han desarrollado varias escalas para cuantificar los comportamientos perturbadores. El Cohen-Mansfield Agitation Inventory (CMAI) (1989), la Behavior Rating Scale for Dementia (BRSD) (Tariot et al. 1995), la Agitated Behavior in Dementia Scale (ABID) (Logsdon et al. 1999) y la Revised Memory and Behavior Problems Checklist (RMBPC) (Teri et al., 1992) son cuatro escalas que se utilizan para medir los comportamientos de agitación. Weiner et al. (1998 y 2000) realizaron dos estudios para comparar estas escalas. El BRSD es un instrumento que se ha desarrollado para evaluar los comportamientos disfuncionales de las personas mayores con déficits cognitivos de leves a moderados. Incluye 46 artículos que evalúan las conductas perturbadoras, pero también los síntomas psicóticos y los trastornos del estado de ánimo. La escala de clasificación se extiende a lo largo de todo un mes. El ABID es una escala de 16 ítems que mide la frecuencia de los comportamientos perturbadores y la respuesta de los cuidadores al comportamiento observado. El evaluador debe tomar nota de la frecuencia con la que se han producido los comportamientos durante las dos últimas semanas. Esta escala se deriva del CMAI y del BRSD y también ha sido diseñada para clientes con déficits cognitivos de leves a moderados. El CMAI está diseñado específicamente para medir la agitación, como los comportamientos verbales, vocales o motores inapropiados que no se explican por confusión o necesidad aparente en personas con demencia o que no viven en instituciones (Cohen-Mansfield y Billig, 1986). El evaluador debe evaluar la frecuencia con la que se han producido los comportamientos en las últimas dos semanas. Finalmente, el RMBPC es una escala de 24 ítems que identifica y cuantifica los problemas de comportamiento, incluyendo observaciones de memoria, depresión y comportamientos perturbadores durante la semana anterior a la calificación. Está dirigido a una clientela demente, pero viviendo en casa. Las evaluaciones descritas anteriormente son las herramientas más frecuentemente mencionadas en la literatura. Sin embargo, la mayoría de estas herramientas están destinadas a una población con déficits cognitivos de leves a moderados. Además, la mayoría de ellos fueron diseñados y validados con una clientela de habla inglesa. El RMBPC fue traducido y validado con una clientela de Quebec (Hébert et al., 1993). Sin embargo, está diseñado para clientes que viven en casa. Sin embargo, el CMAI (Cohen-Mansfield y Billig, 1986) es la herramienta más utilizada en la literatura para evaluar los comportamientos de agitación. Es por esta razón y por sus cualidades metrológicas que fue elegido para ser traducido y validado con una población de Quebec (Deslauriers et al., 2001).

Varios estudios han estudiado las cualidades metrológicas del CMAI. Finkel et al, (1992) estudiaron la fidelidad, la consistencia interna y la validez convergente con 232 sujetos de edad avanzada que vivían en centros de cuidados a largo plazo. Treinta y seis hombres y ciento noventa y seis mujeres participaron en el estudio. No se informa el número de personas con demencia, aunque los autores utilizaron dos pruebas para las personas con demencia, la Behave-AD y la BSSD, para estudiar la validez convergente. Veinte sujetos seleccionados al azar estudiaron la confiabilidad entre calificadores y 40 sujetos seleccionados al azar estudiaron la validez convergente.

Los resultados reportados para la fiabilidad entre calificadores son significativos, excepto para los comportamientos no físicamente agresivos. Además, los resultados obtenidos para la validez convergente son significativos para el personal que trabaja de día y de noche, pero no para los que trabajan de noche. Según los autores, esto puede deberse al hecho de que los evaluadores tienen muchas menos oportunidades de observar a los sujetos durante la noche. Finalmente, los autores estudiaron la consistencia interna y obtuvieron coeficientes de correlación de Cronbach de 0,86 a 0,91 para los miembros del personal en los diferentes turnos.

Deslauriers et al (2001) tradujo y validó el CMAI con los residentes de tres unidades de atención de un CHSLD en la región de la ciudad de Quebec. El único criterio de exclusión para esta investigación fue la edad (menos de 60 años). Un total de 99 residentes iniciaron el estudio (12 residentes fueron excluidos debido a su edad y uno murió). La mitad de los sujetos tenían alguna forma de demencia (52%) y la proporción de sexos era equilibrada. Se utilizó un proceso de traducción inversa para traducir el instrumento original. El instrumento resultante se denominó Cohen-Mansfield Agitation Inventory (CIMI). La fidelidad entre jueces se determinó calculando el coeficiente de Pearson entre los datos recogidos por las dos enfermeras de cada una de las tres unidades. El índice Pearson obtenido es de 0,72. Entonces, la fidelidad se obtuvo calculando el coeficiente de Pearson obtenido entre los datos recogidos por el mismo enfermero en la línea de base y once semanas después. El índice Pearson obtenido es de 0,72. Finalmente, el cálculo de la consistencia interna muestra un resultado similar al obtenido para la versión original en inglés, es decir, los coeficientes alfa de Cronbach de 0,75 a 0,77. La validez concurrente se evaluó comparando los resultados obtenidos en la segunda evaluación con el factor de "comportamiento perturbador" del IRPCM (Hébert et al., 1993). Se obtuvo una correlación de Pearson de 0,74 (p<0,0001). Finalmente, se realizaron tres evaluaciones para calcular la validez del constructo considerando la correlación entre los resultados obtenidos durante la segunda evaluación y los resultados en la subescala SMAF ADL (Desrosiers et al., 1995), la Escala de Evaluación de la Demencia de Reisberg (Bélanger, 1993) y el factor "depresión" del IRPCM. Los coeficientes de Pearson obtenidos son 0,22 (p<0,04), 0,34 (p<0,001) y 0,40 (p<0,0001) respectivamente. Aunque los autores reportan resultados significativos en el estudio de la fidelidad, el uso de los coeficientes de Pearson es una debilidad y se necesitan más estudios para demostrar la fidelidad entre jueces y la prueba de repetición. Además, la validez del constructo, aunque reportada significativamente por los autores, es baja y se necesitarían más estudios para demostrar la validez del constructo. Finalmente, Deslauriers y su equipo (2001) mencionan la necesidad de estudios adicionales para estudiar la estructura de los factores, la validez de los criterios y la sensibilidad de su instrumento.

Dentro del área de investigación elegida, la evaluación de los comportamientos perturbadores debe llevarse a cabo dentro de un marco de tiempo limitado. De hecho, las importantes deficiencias de memoria en clientes con déficits cognitivos de moderados a graves sugieren que, aunque en algún momento se satisfacen las necesidades psicológicas de autoestima y rendimiento, en ese momento habrá que observar el efecto observado sobre el afecto, los comportamientos perturbadores y el compromiso. Además, varios autores coinciden en este punto; las personas con déficits cognitivos de moderados a severos viven en el aquí y ahora y a menudo no recuerdan la actividad más agradable (Volicer, Hurley y Camberg, 1999; Kolanowski, Litaker y Catalano, 2002). Por lo tanto, el uso de la IACM de Desrosiers et al, (2001) parece más o menos apropiado. De hecho, la evaluación de los comportamientos perturbadores durante las dos últimas semanas no sería representativa de la satisfacción de las necesidades en un momento dado. Así, se optó por una adaptación del CMAI de Whall y sus colaboradores, (1991) que nos pareció más apropiada. Los autores validaron el uso del CMAI modificando el procedimiento de recolección de datos. Se utilizaron los mismos elementos desarrollados por Cohen-Mansfield y Billig (1986), pero en un formato de observación. Por lo tanto, en lugar de identificar si el comportamiento ocurrió en las últimas dos semanas, el observador debe identificar si el comportamiento ocurrió en una zona de en un momento dado. Además, la utilización de esta evaluación como instrumento de observación permite medir la duración del comportamiento observado.

Los autores validaron este nuevo instrumento con 22 residentes en un centro de cuidados a largo plazo. El setenta y tres por ciento de los sujetos tenían un diagnóstico que podría estar asociado con la presencia de conductas perturbadoras. Durante el estudio, los fármacos que podían influir en los comportamientos disfuncionales se mantuvieron a un nivel estable para no influir en los resultados. La fiabilidad entre calificadores obtenida a un nivel de confianza de 0,05 oscila entre 0,719 y 0,810. Los autores también informan sobre la validez convergente apoyada por una fuerte correlación entre la versión modificada del CMAI y el Ward Behavior Inventory (WBI) (Burdock et al., 1968) y el Confusion Inventory (CI) (Strubel y Siversten, 1987), que son dos evaluaciones reconocidas por sus cualidades metrológicas. Sin embargo, no se comunican los coeficientes de correlación.

En un estudio más reciente, Whall (1999) reexaminó la validez de la versión modificada del CMAI. En este segundo estudio, el proceso de recolección de datos está bien identificado, sin embargo, no se da información sobre los sujetos estudiados. A diferencia del primer estudio, la recogida de datos se basó en una grabación en vídeo que respetaba a los sujetos en el momento de la ducha. Se tomaron varias precauciones para promover una fuerte correlación entre evaluadores: buena formación y educación de los observadores, falta de contacto entre los evaluadores y con los sujetos y, finalmente, no se informó a los evaluadores del propósito del estudio. Los valores de la fidelidad entre calificadores obtenidos oscilan entre 0,72 y 0,81. Además, el autor informa de los valores de validez convergentes entre la versión modificada del CMAI y el WBI y el CI. La correlación entre el CMAI modificado y el WBI supera 0,79 en tres ocasiones y la correlación entre el CMAI modificado y el CI supera 0,61 en tres ocasiones. Por lo tanto, el autor reporta una correlación entre la versión modificada del CMAI y las otras dos evaluaciones relativamente fuertes. Sin embargo, se dan muy pocos detalles sobre los coeficientes de correlación calculados y las debilidades significativas de estos dos estudios requieren un reexamen de la validez y fidelidad de esta adaptación del CMAI.

Además, no se ha validado ninguna adaptación francesa de esta versión modificada. Sin embargo, el estudio de la validación francesa del CMAI muestra resultados satisfactorios en términos de fidelidad y validez, que son similares a la evaluación original. Por lo tanto, aunque los autores no estudiaron las cualidades metrológicas de este instrumento a partir de la observación directa, asumimos que el instrumento tiene cualidades metrológicas satisfactorias.

4.8.3 Participación en la actividad

Para cuantificar los cambios en la participación en la actividad, varios investigadores han desarrollado cuadrículas de observación no estandarizadas. La escala de compromiso de Camp y sus colaboradores (2000) es un ejemplo. Desarrollaron una tabla para observar el grado de participación de las personas durante la actividad. Dividieron las medidas de participación en cuatro categorías: compromiso activo (participación activa en la actividad), compromiso pasivo (el sujeto mira, escucha, pero no participa activamente), compromiso personal (el sujeto activa a algo distinto a la actividad propuesta) y no compromiso (no participación). Los autores mencionan que no llevaron a cabo un proceso de validación, pero que la elección de las categorías es el resultado de un consenso de todos los investigadores.

Evaluación de la participación en la actividad:

Kovach y Magliocco (1998) también desarrollaron una herramienta de medición de la participación en forma de una escala de observación del tiempo y la intensidad de la participación observada durante una actividad. Realizaron su estudio con 23 residentes alojados en una unidad de cuidados a largo plazo. La puntuación media de la evaluación cognitiva MMSE al inicio del estudio fue de 2,18. Los temas fueron observados durante las diferentes actividades regulares ofrecidas en la unidad. Para el uso de esta escala de evaluación, la observación se realiza a lo largo de un período de 30 minutos en el que el observador debe calificar en una escala la intensidad de participación observada por cada 3 minutos de somnolencia (0) con participación activa (3). Además, también se evalúa la intensidad de la estimulación requerida por la parte coadyuvante para fomentar la participación del sujeto. Finalmente, el evaluador debe describir los comportamientos, expresiones faciales y verbalizaciones del sujeto. Además de estas observaciones, también debe anotarse el tipo de actividad, el formato individual o grupal, el número de pasos que involucran la actividad, el número de sentidos estimulados y el número de minutos de descanso que se toman antes de comenzar la actividad. Los autores no informan de ningún estudio de validación de su instrumento, pero una búsqueda bibliográfica no encontró una escala para observar la participación en la actividad objeto del estudio de calidad metrológica. La de Kovach y Magliocco (1998) parecía ser la herramienta más completa y mejor descrita de las enumeradas en la literatura. Por lo tanto, es el instrumento elegido para nuestro estudio.

4.9 Consideraciones éticas

El proyecto de investigación se presentó al comité de ética del Centre Hospitalier Universitaire de l'Université Laval (CHUL) para su aprobación. El proyecto fue aprobado por el comité con la condición de que

que se obtenga el consentimiento de los sujetos incompetentes de los representantes legales, de conformidad con el artículo 21 del Código Civil. Los formularios de consentimiento se adjuntan como Apéndice G y la carta de aprobación del Comité Ético de CHUL se adjunta como Apéndice H. Como se mencionó anteriormente, hubo que hacer cambios en el protocolo original para obtener una muestra suficiente, ya que casi todos los sujetos potenciales no tenían un representante legal. Para cumplir con los requisitos del comité de ética, cada sujeto potencial fue atendido y evaluado por el médico tratante y por un geriatra independiente para evaluar su capacidad de dar su consentimiento informado. Todos los sujetos declarados competentes para dar su consentimiento fueron entrevistados por el estudiante investigador y un testigo independiente para obtener su consentimiento. Para los sujetos incompetentes con un representante legal, se obtuvo el consentimiento de este último. Finalmente, se contactó e informó a las familias de todos los sujetos sobre el proyecto de investigación. Aunque la aprobación del proyecto se presentó al comité de ética de la CHUL, también se informó al comité de ética de la investigación de la Universidad Laval (CERUL) de la naturaleza del proyecto y de la decisión del comité de ética de la CHUL.

A lo largo de todo el estudio, los sujetos pudieron abandonar la escuela como quisieron, sin prejuicios. Además, si los observadores observan una reticencia por parte de los sujetos que no pueden participar, pueden ofrecerse a abandonar.

Todos los documentos de los participantes (archivos, notas de observación, formularios de evaluación y documentos de vídeo) se identificaron de forma anónima y se mantuvieron en un área cerrada y accesible sólo a los investigadores. Además, al comienzo del estudio, a cada participante se le dio un número de identificación. Esta lista también se mantuvo bajo llave para que nadie más que los investigadores pudiera identificarlos. Además, los documentos en papel y las grabaciones de vídeo se destruirán tras la publicación de los resultados del estudio.

4.10 Análisis de los resultados

Tuvimos que realizar pruebas no paramétricas porque la distribución de la mayoría de las variables no seguía la distribución normal. Debido a la asimetría en la distribución de la mayoría de las variables, una prueba basada en la suma de las filas fue la más apropiada para examinar el efecto de la variable independiente sobre las variables dependientes. Por lo tanto, utilizamos la prueba de Kolmogorov-Smirnov para comprobar si las distribuciones seguían la distribución normal. Cuando se rechazó la normalidad, se utilizó la prueba de clasificación no paramétrica de Kruskal-Wallis para evaluar si había un efecto de las intervenciones sobre las variables dependientes. Cuando la distribución de las variables respondidas a la normalidad, se utilizó una prueba t para evaluar si había un efecto de la intervención sobre las variables dependientes. Luego, se utilizó el procedimiento de medición repetida GENMOD para examinar las correlaciones para el mismo sujeto entre las respuestas observadas para los tres tipos de intervención (estándar, experimental y regular), lo que permite aislar el efecto del sujeto y estimar mejor el efecto de la intervención. Finalmente, la prueba global de Wald se utilizó para controlar el efecto de la edad, la educación, la importancia de los déficits cognitivos (puntuación MMSE) y la autonomía funcional (puntuación SMAF, subsección AVQ) sobre las variables dependientes. Finalmente, también queríamos evaluar el tiempo de participación activa, pasiva o no de los sujetos en los diferentes tipos de actividades. Por lo tanto, se calculó la media de los porcentajes de tiempo de los diferentes tipos de participación en las actividades. Además, se utilizó el modelo de medición repetida con el procedimiento GENMOD para comprobar si el tipo de intervención influyó en el tipo de participación de los sujetos. Finalmente, se utilizó el coeficiente de correlación intra-clase para evaluar la fidelidad intra- e inter-rating y se utilizó el cálculo del coeficiente de correlación de Pearson para calcular las correlaciones entre las diferentes variables de interés.

CAPÍTULO 5
RESULTADOS

5.1 Descripción de los participantes

Catorce sujetos participaron en este estudio. Tenían entre 80 y 88 años, con una media de 84,2 ± 2,9 años. Tuvieron un nivel educativo medio de 9,1 ± 2,9 años. Trece de los catorce participantes fueron evaluados usando el MMSE para evaluar los déficits cognitivos. Los resultados obtenidos oscilaron entre 6 y 23 de 30 con un promedio de 15,4 ± 5,7. Falta un dato para esta evaluación, ya que a pesar de su voluntad de participar en el estudio, fue imposible obtener la colaboración del sujeto para esta prueba. Finalmente, el grado de autonomía funcional de los 14 sujetos fue evaluado utilizando el SMAF. La puntuación global oscila entre -35 y -65,5 (la puntuación mínima es de -87 para una persona totalmente dependiente), con una media de -52,0 ± 10,4. Esta puntuación global incluye una evaluación de la autonomía en las ADL, la movilidad, las funciones mentales, la comunicación y la autonomía en las tareas domésticas. Dado que se trata de una clientela de cuidados de larga duración con una grave pérdida de autonomía, la puntuación de la autonomía en las tareas domésticas no es relevante. Además, dado que las funciones mentales y la comunicación también se evalúan utilizando el MMSE, el AVQ y las puntuaciones de movilidad también se utilizaron para una evaluación más específica de la autonomía funcional de los sujetos. La puntuación obtenida oscila entre -10 y -34,5 (siendo la puntuación mínima de -39 para un sujeto totalmente dependiente) y la media obtenida es de -23,9 ± 7,9. Todos estos resultados se presentan en la Tabla 1.

Tabla 1: Descripción de los participantes

	Edad	Escolarización	MMSE	SMAF (puntuación global)	SMAF (puntuación AVQ + movilidad)
	n=14	n=14	n=13	n=14	n=14
Promedios	84.2 ± 2.9	9.1 ± 2.9	15.4 ± 5.7	-52.0 ± 10.4	-23.9 ± 7.9

5.2 Efecto de las intervenciones sobre las variables dependientes

Para las secciones siguientes, los valores "N" comunicados corresponden al número total de observaciones utilizadas (excluidos los datos que faltan). El número total de observaciones posibles es de 224, ya que cada participante fue evaluado dos veces bajo tres condiciones diferentes.

Además, cada participante fue observado una vez por observación directa y dos veces de un video para control y condiciones de los testigos y dos veces de un video en ausencia de actividad. Sin embargo, bajo ciertas condiciones, la observación sólo podía hacerse por observación directa o sólo desde un video. Por lo tanto, el valor de N puede ser inferior a 224 bajo ciertas condiciones.

5.2.1 Efecto bruto

Vemos un efecto en bruto del tipo de intervención sobre el afecto observado. En efecto, los resultados obtenidos son 19,3 ± 4,8 en ausencia de intervención, 21,6 ± 1,9 durante el programa placebo (actividades regulares) y 22,3 ± 1,1 durante el programa experimental (actividades Montessori) (el resultado de 25 es el máximo posible, es decir, un efecto positivo). Por lo tanto, observamos que la puntuación es más alta en los sujetos durante la intervención experimental, seguida de la intervención con placebo y, finalmente, de la ausencia de intervención. Además, aunque las diferencias entre las medias parecen pequeñas, podemos decir que las medias son estadísticamente diferentes para un umbral de error de 0,05 (p <0,0001), ya que los valores de las desviaciones estándar son muy pequeños (ver Tabla 2).

También se midió el efecto del tipo de intervención sobre el estado de ánimo informado por los sujetos en los programas de placebo y experimentales. Los resultados obtenidos son 10,5 ± 1,4 para el programa placebo y 10,1 ± 1,3 para el programa experimental (el resultado de 12 es el máximo posible para un estado de ánimo positivo). Los resultados obtenidos no son estadísticamente significativos (p=0,3824).

La puntuación de participación se midió tanto en el programa placebo como en el programa experimental. La media obtenida en el programa placebo es de 2,5 ± 0,5 y 2,95 ± 0,08 en el programa experimental (una media de 3 es participación activa espontánea, 2 es participación pasiva, 1 es participación cero y 0 es somnolencia). Por lo tanto, existe un efecto estadísticamente significativo de la clase de actividad sobre la participación (p<0,0001).

Cuadro 2: Efecto bruto de las intervenciones sobre las variables dependientes

	N	Ninguna intervención		Programa Placebo		Programa experimental		Chi cuadrado (Kruskal-Wallis)	Valor p
		Mediana	promedio	Mediana	Promedio	Mediana	promedio		
Afecta (puntuación global)	54	21.0	19.3 ±4.8	21.0	21.6 ±1.9	22.0	22.3 ±1.1	56.2	<0.0001
Estado de ánimo	21	N/A	N/A	11.0	10.5 ±1.4	10.0	10.1 ±1.3	Prueba t −0.88	0.3824
Puntuación concurrencia	25	N/A	N/A	2.5	2.5 ±0.5	3.0	2.9 ±.08	15.09	<0.0001
Puntuación intervención	27	N/A	N/A	2.9	2.3 ± 1.0	1.9	1.8 ± 0.5	9.08	0.0026
Participación activa (valores en %)	27	N/A	N/A	47.6	53.1± 39.6** 106,3 ± 7,1***	100	94.2±14.7** 141,2±2,8***	N/A	N/A
Participación pasiva (valores en %)	27	N/A	N/A	47.6	41.8 ± 35.6** 93,5 ± 7,3***	0	4.8 ± 10.7** 55,6± 4,9***	N/A	N/A
Ninguna participación (valores en %)	27	N/A	N/A	0	5.1 ± 14.3** 49,6 ± 5,1***	0	1.0 ± 4.6** 42,7 ± 2,4***	N/A	N/A

* Dado que la distribución de los datos del estado de ánimo sigue la distribución normal, realizamos una prueba t en lugar de la prueba de Kruskal-Wallis.

** Tiempo medio de participación

*** Promedio de la suma de las filas.

45

La puntuación de la intervención también se midió en los programas de placebo y experimentales. La media obtenida en el programa placebo fue de 2,3 ± 1,0 y 1,8 ± 0,5 en el programa experimental (un promedio de 3 siendo ninguna intervención, 2 explicaciones verbales, 1 explicación y demostración verbal y 0 explicaciones verbales y asistencia física). Existe un efecto significativo del tipo de actividad sobre la puntuación de la intervención (p = 0,0026).

Finalmente, se midió el tiempo de participación activa, pasiva y cero en los programas placebo y experimental. Por lo tanto, se calculó la media de los valores como porcentaje del tiempo de participación activa, pasiva o nula. Durante el programa experimental, los sujetos participaron activamente en la actividad en un promedio de 94.2 ± 14.7% del tiempo, pasivamente en un promedio de 4.8 ± 10.7% del tiempo y un promedio de 1.0 ± 4.6% del tiempo se dedicó a la participación cero. Además, durante el programa placebo, los sujetos participaron activamente en la actividad en un promedio de 53.1± 39.6% del tiempo, pasivamente en un promedio de 41.8 ± 35.6% del tiempo y un promedio de 5.1 ± 14.3% del tiempo fue dedicado a la participación cero. Los valores medios de los porcentajes son significativamente diferentes (p<0,0001). Finalmente, se verificó mediante el modelo GENMOD si el tipo de intervención (experimental o placebo) influyó significativamente en el tipo de participación. Así, en el programa experimental, el promedio de la suma de los rangos para la participación activa es de 141,2 ± 2,8, para la participación pasiva 55,6 ± 4,9 y para la participación cero 42,7 ± 2,4. Además, en el programa placebo, el promedio de la suma de los rangos es 106.33 ± 7.1 para la participación activa, 93.5 ± 7.3 para la participación pasiva y 49.6 ± 5.1 para la participación cero. Así, al participar en la actividad experimental, los sujetos son significativamente más activos (p < 0,0001).

Finalmente, tuvimos que medir los comportamientos perturbadores en los programas de placebo y experimentales, así como en la ausencia de actividad, mediante una adaptación del CMAI. Sin embargo, sólo se observaron dos comportamientos en la escala, el comportamiento 17: negatividad y el comportamiento 22: manierismo repetitivo. Estos dos comportamientos se observaron sólo dos veces durante el programa experimental. Además, tres de estas observaciones se hicieron sobre el mismo tema durante la misma sesión. Por lo tanto, no fue posible analizar estos resultados.

5.2.2 Valores de la suma de los rangos de asignación estimados para los diferentes tipos de intervenciones ajustados según la edad, la educación y la puntuación MMSE.

Se controlaron algunas variables para asegurar que no influyeran en el efecto, a saber, la edad, la educación y la puntuación MMSE. No hay influencia de estas diversas variables en

el efecto y el efecto sobre el efecto de ningún programa de intervención o de placebo, el experimento sigue siendo estadísticamente significativo (p<0,0001) como se muestra en la Tabla 3.

Tabla 3: Efecto controlado de las intervenciones sobre el afecto

	N	Ausencia de intervención	Programa placebo	Programa de experimentación	Chi cuadrado	Valor p
Edad y educación	216	60.7 ± 7.1	109.1 ± 14.3	139.8 ± 10.5	62.86	<0.0001
SMAF (AVQ-movilidad)	216	60.7 ± 6.7	109.1 ± 15.1	139.8 ± 9.7	62.86	<0.0001
MMSE	200	61.7 ± 6.9	115.3 ± 14.9	142.5 ± 10.9	63.5	<0.0001

5.2.3 Efecto sobre el estado de ánimo ajustado a las variables de edad y educación

Se reevaluó el efecto del placebo y de los programas experimentales mediante el control de la edad y la educación. Encontramos que incluso ajustados para estas variables, no hay un efecto significativo de los programas sobre el estado de ánimo (ver Tabla 4).

Tabla 4: Efecto controlado de las intervenciones sobre el estado de ánimo

	N	Ausencia de intervención	Programa placebo	Programa de experimentación	Prueba t	Valor p
Edad y escolarización	43	N/A	10.5 ± 0.3	10.2 ± 0.2	0.89	0.3447
SMAF (AVQ-movilidad)	43	N/A	10.5 ± 0.3	10.1 ± 0.2	0.97	0.3454
MMSE	42	N/A	10.5 ± 0.3	10.1 ± 0.2	1.14	0.2850

5.2.4 Valores de la suma de los rangos de participación estimados para los diferentes tipos de intervención ajustados según las variables de edad y educación, puntuación SMAF (AVQ-movilidad) y puntuación MMSE.

Finalmente, también volvimos a revisar el efecto del placebo y los programas experimentales sobre la participación en la actividad mediante el control de las variables de edad y educación, desde la subpuntuación hasta el SMAF (movilidad AVQ) y desde la puntuación hasta el MMSE. Como se muestra en la Tabla 5, cuando se ajusta para estos diferentes tipos de encontramos que el efecto de los programas sobre la participación de la fuerza laboral sigue siendo estadísticamente significativo ($p<0{,}0001$).

Tabla 5: Efecto controlado de las intervenciones sobre la participación

	N	Ausencia de intervención	Programa placebo	Programa de experimentación	Chi cuadrado	Valor p
Edad y educación	51	N/A	18.5 ± 3.2	33.8 ± 1.8	17.75	<0.0001
SMAF (AVQ-movilidad)	47	N/A	18.5 ± 3.1	33.8 ± 1.8	18.08	<0.0001
MMSE	47	N/A	19.7 ± 3.2	33.3 ± 1.8	15.25	<0.0001

5.3 Estudio de fidelización

Realizamos el estudio de lealtad de la escala de calificación de afecto del Centro Geriátrico de Filadelfia. Por lo tanto, evaluamos la fidelidad dentro del evaluador en base a observaciones directas y observaciones en base a un video del primer observador y la fidelidad del interevaluador en base a observaciones en base a un video del primer y segundo observadores. Los resultados se comparan con los siguientes valores de Fleiss (1981):

$$r > 0{,}75 : \text{excelente fiabilidad}$$
$$0{,}75 > r > 0{,}40 \text{ buena}$$
$$\text{fiabilidad } r < 0{,}40 : \text{baja}$$
$$\text{fiabilidad}$$

5.3.1 El Centro Geriátrico de Filadelfia afecta la escala de calificación

La Escala de Calificación de Afectación del Centro Geriátrico de Filadelfia tiene una buena confiabilidad entre clasificadores, tal como se presenta en la Tabla 6, ya que el coeficiente de correlación intra-clase de 0.61 está entre 0.40 y 0.75 (Fleiss, 1981).

Tabla 6: Coeficiente de correlación intraclase (ICC) entre la asignación de vídeo (evaluador 1) y la asignación de vídeo (evaluador 2)

N	CORTE PENAL INTER NACIO NAL	Terminal inferior	Terminal superior
148	0.61	0.50	0.70

5.3.2 El Centro Geriátrico de Filadelfia afecta la escala de calificación

La escala de calificación de afecto del Centro Geriátrico de Filadelfia tiene una excelente fidelidad intra-clasificadora porque el coeficiente de correlación intra-clase de 0.77 es mayor que 0.75 (Fleiss, 1981). Véase el cuadro 7.

Cuadro 7: Coeficiente de correlación intraclase (ICC) entre la asignación directa (evaluador 1) y la asignación por vídeo (evaluador 1)

N	CORTE PENAL INTER NACIO NAL	Terminal inferior	Terminal superior
94	0.77	0.67	0.84

5.4 Correlación entre variables

La siguiente sección describe las correlaciones de Pearson calculadas entre diferentes variables de interés.

5.4.1 Correlación entre el afecto general y la edad, la educación, el SMAF (AVQ-movilidad), el MMSE, el estado de ánimo y la puntuación de participación.

Se calculó el coeficiente de correlación de Pearson entre el afecto global y varias otras variables. Con la edad, es -0,04 (p = 0,5615), -0,09 (p = 0,1444) con la educación, 0,09 (p = 1943) con el SMAF (AVQ-movilidad), 0,07 (p = 0,3309) con el MMSE, 0,15 (p = 0,3466) con el estado de ánimo y finalmente 0,52 (p < 0,0001) con la puntuación de participación. A la luz de estos resultados, encontramos que no existe una correlación significativa entre el afecto general y variables como la edad, la educación, la puntuación MMSE, la puntuación SMAF (AVQ-movilidad) y el estado de ánimo informado por los sujetos. Sin embargo, existe una correlación media significativa entre el efecto global observado por los evaluadores y la participación en la actividad. Una participación más activa en la actividad se correlaciona positivamente con un efecto más positivo. Además, encontramos que no existe una correlación significativa entre la puntuación de participación y la puntuación del MMSE. El coeficiente de correlación de Pearson es de 0,11 (p = 0,4688). Finalmente, el coeficiente de correlación de Pearson entre el puntaje de participación y el SMAF (AVQ-movilidad) es de 0,15 (p = 0,4688). Por lo tanto, no existe una correlación significativa entre estas dos variables. Ver Tabla 8 para estos resultados.

5.4.2 Correlación de Pearson entre la puntuación de intervención y las puntuaciones de participación

El coeficiente de correlación de Pearson entre la puntuación de intervención y la puntuación de participación es el siguiente

-0,03 (p = 0,8121). Por lo tanto, no existe una correlación significativa entre estas dos variables. Además, los coeficientes de correlación de Pearson entre la puntuación de la intervención y la participación activa, pasiva y cero son -0,11 (p = 0,4199), 0,22 (p = 0,1180) y -0,27 (p = 0,0511) respectivamente. Por lo tanto, no existe una correlación significativa entre la puntuación de la intervención y los diferentes tipos de participación. Vea la Tabla 9 para estos resultados.

Tabla 8: Correlaciones de Pearson entre afecto, puntuación de participación y diferentes variables.

	Edad	escolarización	SMAF (AVQ-movilidad)	MMSE	humor	Participación en el puntaje
Afecta	-0.04 (p = 0.5615) N = 216	-0.09 (p = 0.1444) N = 216	0.09 (p = 0.1943) N = 216	0.07 (p = 0.3309) N = 200	0.15 (p = 0.3466) N = 43	0.52 (p < 0.0001)
Participación en el puntaje	N/A	N/A	0.15 (p = 0.2951) N = 51	0.11 (p = 0.4688) N = 47	N/A	N/A

Tabla 9: Correlación de Pearson entre la puntuación de la intervención y las variables de participación

	Participación en el puntaje N = 51	Participación activa N = 54	Participación pasiva N = 54	Ninguna participación N = 54
Intervención de la puntuación	-0.03 (p = 0.8121)	-0.11 (p = 0.4199)	0.22 (p = 0.1180)	-0.27 (p = 0.0511)

CAPÍTULO 6
HISTORIAS DE
CASOS

Creemos que el efecto de las actividades Montessori sobre el afecto, la participación y los comportamientos perturbadores es cada vez más importante a medida que aumentan los déficits cognitivos. Sin embargo, dada la dificultad que hemos encontrado para reclutar a sujetos con déficits cognitivos severos que tienen un representante legal, no hemos podido demostrar este impacto con la precisión que esperábamos. Los dos casos siguientes se refieren a sujetos con déficits cognitivos severos y una disminución significativa de la autonomía funcional.

El primer sujeto es un hombre de 86 años con demencia mixta y sordera severa. Le instalan un audífono, pero la comunicación verbal sigue siendo muy difícil. En la evaluación cognitiva, obtuvo una puntuación de 7 sobre 30 en el MMSE y la puntuación del SMAF es de -55,5 y -20,5 para las subpuntuaciones de movilidad ADL. Utiliza una silla de ruedas y necesita ayuda con el cuidado personal y los traslados. Vive en el Foyer des Vétérans desde noviembre de 2002.

Monsieur es un hombre poco sociable, poco expresivo, retraído y agresivo. Es conocido por exhibir un comportamiento agresivo y violento hacia otros residentes y cuidadores en ocasiones. Su comportamiento adopta la forma de gritos, insultos e incluso golpes ocasionales cuando está molesto o perturbado por otros residentes con un comportamiento perturbador o por los que intervienen.

Monsieur está bien integrado en la vida de la comunidad. Asiste a diversas actividades de ocio, terapia ocupacional y actividades sociales como fiestas, salidas o comidas especiales. Sin embargo, el desempeño en las actividades es deficiente y la participación es bastante pasiva. El señor verbaliza muy poco, casi nunca interactúa con sus compañeros, sólo sonríe en muy raras ocasiones y muestra un comportamiento agresivo cuando se enfrenta a una dificultad o cuando está en presencia de otros residentes perturbadores o exuberantes. Más bien, es un espectador pasivo en todas las actividades en las que participa. Así, de todos los comportamientos observados (pasividad, agresividad y afecto más bien negativo) durante las actividades regulares en las que se integra, parece que no se corresponden con sus necesidades y habilidades según el modelo de Algase y su equipo (1996).

Se integró a las actividades Montessori porque pensamos que podía beneficiarse de las actividades individualizadas debido a sus problemas de comportamiento y a su baja participación en actividades grupales.

La puntuación media en la evaluación de la ARS es de 18,83 durante las actividades Montessori, 17,33 durante las actividades regulares y 17,75 en ausencia de actividad. Por lo tanto, tiene un impacto más positivo cuando se trata de actividades Montessori. Sin embargo, no fue posible llevar a cabo la evaluación del DMPT porque el caballero no pudo escuchar nuestras preguntas lo suficientemente bien. En la evaluación de la participación en la actividad, el señor obtuvo un promedio de 3 durante las actividades Montessori y 2.44 durante las actividades regulares (3 siendo participación activa, 2 siendo participación pasiva y 1 siendo participación cero). Finalmente, la participación activa en las actividades fue más alta para las actividades Montessori, a 42 minutos en comparación con 21 minutos para las actividades regulares (el tiempo total de participación fue de 42 minutos). Además, es importante mencionar la sorprendente actuación del caballero con actividades Montessori. Él inicia la tarea espontáneamente y persevera para tener éxito y terminarla. Además, acepta espontáneamente participar en estas actividades cada vez, mientras que suele ser mucho más difícil obtener su participación cuando se trata de actividades regulares. Además, contrariamente a nuestras expectativas, dado el resultado muy pobre que obtuvo en el MMSE, el Sr. B. nos habló de algunas de las actividades de Montessori más tarde ese mismo día. Finalmente, también debemos mencionar que vimos al Sr. Smile e incluso nos reímos en varias ocasiones durante las actividades Montessori, además de verbalizar espontáneamente en varias ocasiones. Parecía orgulloso de sus logros.

El desempeño del caballero en las actividades Montessori, así como los resultados obtenidos en la evaluación del afecto y la participación, demuestran que las actividades Montessori tienen un efecto positivo significativo en el afecto y la participación. Además, el desempeño del caballero en las actividades Montessori fue superior al de la mayoría de los demás sujetos que obtuvieron una puntuación más baja en la evaluación cognitiva. Este resultado es sorprendente dado que los déficits cognitivos más severos deberían haberse relacionado con un rendimiento más deficiente. Creemos que las actividades Montessori satisfarían las necesidades de la realización y realización del sujeto, lo que resultaría en un impacto más positivo y una participación más activa. Además, la pérdida de audición del caballero puede influir en su participación y rendimiento en las actividades habituales. Por lo tanto, las actividades individualizadas y concretas, como las actividades Montessori, se adaptarían mejor a sus capacidades. Esto también puede explicar la baja puntuación en la evaluación cognitiva. Creemos que las capacidades cognitivas del caballero están subestimadas debido a su pérdida de audición.

El segundo sujeto es un hombre de 81 años que vive en el Hogar de Veteranos desde octubre de 1996. Tiene un diagnóstico de demencia degenerativa y también se sabe que sufre de esquizofrenia. Pasa la mayor parte de sus días en su habitación o sala de estar. Nunca socializa con sus compañeros y se comunica muy poco con el personal. Además, tiene dificultades para comunicarse y la mayoría de las veces sólo habla para hacer peticiones. Sólo contesta preguntas ocasionalmente. Era imposible completar una evaluación cognitiva con el caballero. Su autonomía funcional es muy limitada. Obtuvo -62 en el SMAF y -33 para las subpuntuaciones de movilidad AVQ. Se le coloca en la silla geriátrica, se le traslada al ascensor y depende de todos sus cuidados personales. Finalmente, se sabe que el caballero exhibe comportamientos perturbadores tales como movimientos repetidos (golpear la tableta de su silla geriátrica), gritos y peticiones repetidas.

En la unidad, el caballero sólo participa en actividades musicales porque es llevado por el personal. Sin embargo, se sabe que llora regularmente durante estas actividades. Se integró a las actividades Montessori porque creíamos que los problemas de comportamiento que presenta podían ser causados por el aburrimiento y la insatisfacción con sus necesidades de logros y logros.

La participación del caballero en las actividades Montessori fue espontánea y perseveró hasta que terminó. El puntaje promedio en la evaluación de la ARS es de 18,5 para las actividades Montessori, 15,67 para las actividades regulares y 17,5 para las inactivas. Pudimos observar al Sr. Laugh varias veces cuando estaba completando una actividad Montessori. Sin embargo, no pudimos realizar la evaluación del DMPT porque el sujeto no respondió a nuestras preguntas. El tiempo de participación activa en las actividades Montessori es de 42 minutos y tres minutos durante las actividades regulares (el tiempo de participación pasiva es de 35 minutos y cero participación es de cuatro minutos). Finalmente, el resultado obtenido en la evaluación de la participación es de 3 para las actividades Montessori y 1,82 para las actividades regulares.

Es sorprendente notar que el efecto observado es más negativo durante las actividades regulares que en ausencia de actividad. Por lo tanto, creemos que las actividades regulares no se adaptarían a las necesidades y capacidades del caballero, lo que causaría problemas de llanto y de comportamiento. Además, las actividades del programa Montessori responderían mejor a esas necesidades de logros y logros, lo que daría lugar a un efecto más positivo y a una participación más activa.

CAPÍTULO 7
DISCUSIÓN DE LOS RESULTADOS

7.1 Verificación de las hipótesis de investigación

El objetivo de este estudio fue medir el efecto del uso del enfoque y las actividades Montessori en personas con demencia de moderada a grave. En general, se puede decir que el uso de este enfoque tiene un impacto positivo en el afecto y la participación de las personas con demencia. Más específicamente, las hipótesis de investigación presentadas argumentaban que el uso de las actividades Montessori correspondientes a las habilidades e intereses de la persona con demencia permitiría satisfacer las necesidades psicológicas de autoestima y logro. Esta satisfacción de las necesidades psicológicas básicas se puede observar a través de cuatro elementos: afecto, estado de ánimo, comportamientos y participación en la actividad. Por lo tanto, a la luz del análisis de los resultados, es posible afirmar en primer lugar que el uso de este enfoque tiene un efecto positivo sobre el efecto de las personas con demencia de moderada a grave. Aparecen más sonrientes, muestran más signos de placer y muestran menos signos de ansiedad, ira o miedo cuando participan en las actividades Montessori. En resumen, el efecto positivo observado es menos importante cuando los sujetos están en actividad regular y aún menos importante cuando están en ausencia de actividad. Estos resultados apoyan la hipótesis de que la participación activa en actividades significativas adaptadas a las necesidades y habilidades de las personas con demencia promueve un impacto más positivo y las actividades Montessori parecen cumplir estos criterios.

Por otro lado, parece que las actividades Montessori no influyen en el estado de ánimo de la gente. De hecho, los análisis no mostraron ningún efecto significativo de estas actividades sobre el estado de ánimo informado. Sin embargo, cuando se administró el Test de Evaluación del Estado de Ánimo (MAT), surgieron varias contradicciones, la colaboración de los sujetos fue mixta, respondieron "sí" a todas las preguntas o dijeron que estaban de buen humor y enojados al mismo tiempo. Además, la comprensión de las preguntas, aunque simple, a veces era difícil para los sujetos con déficits cognitivos más severos. Por último, de las 56 posibles observaciones, faltan 13 datos debido a la negativa de los sujetos a cooperar o a problemas de audición que imposibilitan la realización de la prueba. En consecuencia, los resultados obtenidos de la evaluación del estado de ánimo reportada por los sujetos parecen poco confiables. Por lo tanto, es imposible llegar a una conclusión sobre el efecto de las actividades Montessori en esta variable.

Además, las observaciones limitadas recogidas sobre los comportamientos perturbadores hicieron imposible el análisis de estos datos. De hecho, los comportamientos perturbadores se observaron sólo cuatro veces a lo largo del estudio y tres de estas observaciones se referían a un solo sujeto durante la misma actividad.

Por otro lado, los resultados obtenidos del análisis de la participación en la actividad permiten afirmar que el uso de las actividades Montessori tiene un efecto positivo significativo en la participación en la actividad. De hecho, los sujetos con demencia de moderada a severa participan más activamente en la actividad cuando se trata de actividades Montessori que durante las actividades regulares. Además, el tiempo de participación activa, durante un período determinado, es mayor durante las actividades Montessori que durante las actividades regulares. Por otro lado, el tiempo de participación pasiva y cero participación es menor durante las actividades Montessori que durante las actividades regulares. Por lo tanto, las actividades Montessori tienen un efecto positivo significativo en el tipo de participación en la actividad, así como en el tiempo de participación activa.

Dos factores pueden explicar este efecto sobre la participación. Por un lado, parece que las actividades Montessori están más adaptadas a las necesidades y capacidades de los clientes con demencia de moderada a severa. Por otro lado, dado que estas actividades se utilizan individualmente con los sujetos, serían más apropiadas en función de las capacidades e intereses de cada uno y se modificarían más fácilmente si fuera necesario. Además, una interacción uno a uno promueve una participación más activa en la actividad.

Además, también se verificó la correlación entre la participación en la actividad y el efecto observado y los resultados muestran una buena correlación entre estas dos variables. Por lo tanto, cuanto más activamente participan los sujetos en la actividad, más positivamente muestran un impacto. Esto concuerda con los resultados de los estudios revisados, que afirman que permitir la participación activa en la actividad promueve una mejora del bienestar y, en consecuencia, de la calidad de vida.

Finalmente, se verificó el efecto del tipo de actividad sobre la puntuación de la intervención y, de acuerdo con nuestras expectativas, el tipo de actividad tiene un efecto significativo sobre el grado de intervención. Dado que las actividades Montessori eran actividades individuales y la mayoría de las actividades regulares eran actividades de grupo, estos resultados confirman que la presencia de la parte coadyuvante es mucho más sostenida durante las actividades Montessori. Sin embargo, la ausencia de correlación entre la puntuación de la intervención y las puntuaciones de participación tiende a demostrar que una intervención más importante del terapeuta no necesariamente promueve una participación más activa del sujeto. Este sería, por tanto, el tipo de actividad que más influiría en el grado de participación y no en el grado de intervención del terapeuta.

Considerando todos estos resultados, se puede establecer que el efecto positivo del uso del enfoque y las actividades de Montessori en las personas con demencia está relacionado con dos elementos. En primer lugar, estas actividades diversificadas y adaptables corresponderían a las necesidades y capacidades de estas personas. De esta manera, se promovería la satisfacción de las necesidades de autoestima y de logro, lo que se traduce en un impacto más positivo y una participación más activa en la actividad. En segundo lugar, el enfoque individualizado permite un mejor ajuste a las necesidades, capacidades e intereses individuales y estimula una participación más activa.

Finalmente, aunque no pudimos demostrar estadísticamente el efecto positivo de las actividades Montessori utilizadas con personas con demencia severa, ambos casos demuestran claramente los resultados clínicos observados con esta clientela. De hecho, mientras que parecen ser espectadores pasivos o exhiben problemas de comportamiento cuando se integran a las actividades regulares de la unidad, los residentes con demencia severa muestran una actitud completamente diferente cuando participan en las actividades Montessori. Entonces es mucho más fácil conseguir su participación, se desempeñan mucho mejor y tienen un efecto más positivo y menos comportamientos perturbadores. Estas observaciones clínicas son consistentes con nuestra hipótesis de que las actividades Montessori están mejor adaptadas a las capacidades y necesidades de los clientes con demencia de moderada a severa y encajan perfectamente en el modelo de Algase y colegas (1996) sobre conductas disruptivas.

7.2 Comparación de los resultados con la literatura

En general, los resultados obtenidos son similares a los de los estudios similares identificados. De hecho, los tres estudios comparables (Camp et al., 1999, 2000) han mostrado un efecto positivo de las actividades Montessori sobre el afecto y la participación de las personas con demencia. Ninguno de estos estudios examinó el estado de ánimo reportado por los sujetos. Sin embargo, los resultados no permiten sacar conclusiones sobre la influencia de estas actividades en esta variable.

Por otro lado, a diferencia de otros estudios que utilizaron tanto las actividades del grupo Montessori como las actividades prácticas de la vida, este estudio se centró más específicamente en el material sensorial, respetando los principios de la filosofía Montessori, es decir, individualizando las actividades. De hecho, aunque Camp y sus colaboradores (2001) mencionan que las actividades individuales están más adaptadas a las personas dementes, evaluaron las actividades Montessori tanto en grupos como individualmente. Este estudio permite, por lo tanto, verificar el efecto de este de actividad, mientras que los estudios anteriores han examinado diferentes tipos de actividades en todo el mundo.

7.3 Verificación de los supuestos secundarios

Los objetivos secundarios de este estudio también fueron medir la fidelidad entre clasificadores y dentro de los clasificadores de la Escala de Clasificación de Afecto del Centro Geriátrico de Filadelfia, así como la correlación entre el estado de ánimo reportado por los sujetos que usaron la Prueba de Imagen del Estado de Ánimo de la Demencia y el efecto medido usando el ARS.

En primer lugar, el análisis de los resultados muestra una buena fidelidad entre evaluadores (Fleiss, 1981) y una excelente fidelidad entre evaluadores (Fleiss, 1981). Estos resultados corroboran la literatura científica y proporcionan un elemento adicional a los estudios de fidelidad. De hecho, ninguna de las investigaciones revisadas había verificado la fidelidad intra e interevaluador comparando las observaciones directas con las observaciones realizadas a partir de un vídeo. Por lo tanto, este análisis añade un elemento adicional a los diversos estudios de fidelización de ARS.

Segundo, los resultados obtenidos no establecen ninguna correlación significativa entre el estado de ánimo reportado por los sujetos y el efecto medido. Esta falta de correlación no se corresponde con el caso de Kolanowski, Litaker y Catalano (2002) con un sujeto con demencia que tenía como objetivo estudiar la concordancia entre el estado de ánimo comunicado al DMPT y el efecto observado con el ARS. De hecho, estos autores reportan una correlación significativa entre el efecto observado y el estado de ánimo general reportado. Sin embargo, mencionan que cuando consideran estados de ánimo específicos con sus correspondientes expresiones afectivas, encontraron una relación significativa sólo entre las emociones"felices" reportadas y las"satisfechas" observadas. Luego explican la correlación general por el hecho de que otras emociones (ira, ansiedad y tristeza) sólo se han observado en muy raras ocasiones. Por lo tanto, varios elementos nos permiten cuestionar los resultados de este estudio. En primer lugar, utilizaron una versión más antigua de la ARS. En estudios posteriores (Lawton et al., 1999), Lawton et al. eliminaron el elemento de "satisfacción" de la escala. Así, la correlación encontrada por Kolanowski y sus colaboradores entre el afecto y el estado de ánimo es cuestionable considerando el hecho de que es entre las emociones "felices" y "contentas" que han encontrado una fuerte correlación. Además, se trata de un estudio con un solo sujeto y aunque se menciona que el sujeto obtuvo una puntuación inferior a 24 en el MMSE, no se dan detalles sobre sus capacidades cognitivas y su autonomía funcional.

Así, las muchas contradicciones observadas durante la administración de la prueba, la falta de datos y la dificultad para obtener colaboración y una buena comprensión de los sujetos pueden explicar en parte la falta de correlación entre el afecto y el estado de ánimo. Finalmente, creemos que los déficits cognitivos significativos pueden llevar a dificultades para expresar clara y adecuadamente el estado de ánimo que se siente.

7.4 Posibles sesgos

Algunos elementos pueden haber sesgado los resultados obtenidos. En primer lugar, los problemas encontrados durante el muestreo pueden haber tenido un efecto significativo. De hecho, hemos demostrado que el enfoque individualizado y las actividades Montessori, al ser muy diversificadas y adaptables, corresponden a las necesidades y capacidades de las personas con demencia. Además, creemos que el efecto de estas actividades es aún más distinto de las actividades regulares con el aumento de los déficits cognitivos. Sin embargo, no fue posible demostrar este efecto debido a la dificultad para obtener el consentimiento legal de los sujetos con demencia grave. Sin embargo, la ausencia de una correlación significativa entre el afecto general y las puntuaciones de participación en la actividad y las puntuaciones MMSE y SMAF (movilidad AVQ) sugiere que la progresión de la demencia y la pérdida de autonomía no aumenta el efecto de las actividades Montessori. Sin embargo, vemos un aumento de este efecto en algunas situaciones, como se ha informado en las historias de casos.

En segundo lugar, es posible que los sesgos de medición influyeran en los resultados. De hecho, el hecho de que las observaciones no se hicieran a ciegas puede haber tenido una ligera influencia. Sin embargo, el ARS tiene muy buenas cualidades metrológicas y el acuerdo de los resultados entre los dos evaluadores sugiere que el efecto sobre los resultados es muy pequeño. Además, es posible que los resultados esperados tras la aplicación del programa de intervención puedan atribuirse no al método en sí, sino simplemente a la atención individualizada de un interviniente. Sin embargo, la situación actual en la práctica no ha permitido que las actividades individuales se incluyan en las intervenciones con placebo.

Finalmente, la selección limitada de sujetos no permitió obtener una muestra grande. En consecuencia, la potencia estadística es menor. Por lo tanto, se justificó el uso de pruebas estadísticas no paramétricas. Además, los diversos estudios similares con la misma clientela identificada tienen un tamaño de muestra comparable. El tamaño de la muestra de este estudio se considera, por tanto, suficiente para corroborar la literatura científica y aportar elementos adicionales a la misma.

7.5 Fortalezas y debilidades

El aspecto innovador de este enfoque en Quebec es una de las principales fortalezas de este estudio. De hecho, muy pocos estudios han abordado específicamente las necesidades psicológicas de los clientes con demencia y no se han identificado estudios sobre el uso del enfoque Montessori. Además, las búsquedas bibliográficas extensas sólo encontraron estudios de Camp (1999, 2000) y Vance (2000) sobre la aplicación de este enfoque.

El programa Montessori está muy estructurado y bien descrito. El Apéndice I contiene algunos ejemplos de las descripciones de las actividades que se enseñan a los profesionales certificados. Este protocolo de presentación de actividades se siguió durante todo el estudio. Por lo tanto, podemos asumir que los resultados seguirán siendo los mismos para los mismos participantes, pero con diferentes partes interesadas.

Además, un modelo conceptual, el Need-Driven Dementia-Compromised Behavior Model (Algase et al., 1996), subyace en el estudio y ayuda a entender y explicar los resultados obtenidos. En efecto, la diversidad y la gran adaptabilidad de las actividades y el aspecto individualizado y estructurado del enfoque se aplican perfectamente al modelo de Algase y de sus colaboradores.

Finalmente, se ha demostrado que la DMPT es un instrumento menos efectivo para la evaluación del estado de ánimo en pacientes con demencia de moderada a grave. Existen pocos instrumentos para evaluar el estado de ánimo de las personas con demencia. Entre ellos, el DMPT, el más utilizado, parecía más apropiado que las escalas visuales análogas.

Nuestro estudio de fidelidad del ARS ha corroborado la literatura científica y ha añadido elementos que confirman que este instrumento tiene buenas cualidades metrológicas. Por otro lado, aunque el CMAI es también un instrumento con buenas cualidades metrológicas, nos fue imposible verificar nuestra hipótesis sobre los comportamientos perturbadores debido a la falta de observaciones.

Conclusión

Finalmente, este estudio corroboró la literatura científica y proporcionó evidencia adicional sobre los efectos positivos del uso de las actividades y el enfoque Montessori con personas con demencia moderada a severa sobre la satisfacción de sus necesidades psicológicas básicas, su bienestar y, consecuentemente, su calidad de vida.

La difusión de los resultados del estudio podría tener un impacto significativo en la elección de actividades con personas con demencia. En primer lugar, la mayoría de los centros residenciales tienden a favorecer las actividades en grupo, pero este estudio añade elementos a la literatura científica que favorecen un enfoque individualizado de esta clientela. A continuación, este proyecto de máster estudió un tipo de actividad que todavía no se utiliza en los centros de cuidados de larga duración, pero que es fácilmente utilizable por diferentes actores.

Más específicamente, estas actividades son una herramienta valiosa para los terapeutas ocupacionales que son especialistas en terapia basada en actividades y que deben apoyar a los profesionales en la elección e implementación de actividades que satisfagan las necesidades y habilidades de los clientes con demencia.

Además, las posibilidades de utilizar este material y este enfoque son inmensas y la investigación ulterior podría abrir nuevas posibilidades. En primer lugar, sería interesante ver el interés de la gente en diferentes categorías de este material (vida práctica, estimulación sensorial, botánica, etc.), dependiendo de su género o intereses pasados. Además, sería interesante evaluar las posibilidades de utilizar este equipo como herramienta para evaluar las capacidades residuales de las personas con demencia. Además, aún no se han explorado las posibilidades de facilitar el acceso a estos materiales a las familias de los residentes con demencia o incluso a los cónyuges y miembros de la familia de las personas con discapacidades cognitivas que todavía viven en casa. En resumen, la aplicación potencial de este material a las personas con enfermedad de Alzheimer o demencias relacionadas es inmensa, pero se necesita más investigación para verificar sus efectos.

REFERENCIAS

Algase, D.L., Beck, C., Kolanowski, A., Whall, A., Berent, S., Richards, K., Beattie, E., *Need-driven dementia-compromised behavior: Una visión alternativa del comportamiento perturbador.* American Journal of Alzheimer's Disease. 1996; vol. 11, no. 6: 10, 12-19

Asociación Americana de Psiquiatría. *DSM-IV: Manual Diagnóstico y Estadístico de los Trastornos Mentales.* París: Masson, 1996

Antonakos, C.L., Colling, K.B., *Using measures of agreement to develop a taxonomy of passivity in dementia.* Investigación en enfermería y salud. 2001; vol. 24: 336-343

Baker, R., Dowling, Z., Wareing, L., Dawson, J., Assey, J., *Snoezelen: Sus efectos a largo y corto plazo en personas mayores con demencia.* British Journal of Occupational Therapy. 1997; vol. 60: 213-218

Barris. R., Elliott, MS, *Occupational role performance and life satisfaction in elderly persons.* The Occupational Therapy Journal Of Research. vol. 7, no 4: 215-224

Beck, C.K., Vogelpohl, T.S., Rasin, J.H., Uriri, J.T., O'Sullivan, P., Walls, R., Phillips, R., Baldwin, B., *Effects of behavioural interventions on disruptive behavior and affect in demented nursing home residents.* Investigación en enfermería. Jul-Ago 2002; vol. 51, no. 4: 219-228

Bélanger, M., *Agitation et atteinte cognitive : Étude transversale en établissement d'hébergement.* Tesis de maestría inédita, Universidad Laval, 1993

Bigaouette, M, *Des émotions et du travail: un éloge des activités auprès des personnes dentees.* Objetivo de prevención. 2001;vol. 24, no. 3 : 29-31

Brooker, D.J., Snape, M., Johnson, E., Ward, D., Payne, M., *Single case evaluation of the effects of aromatherapy and massage on disturbed behaviour in severe dementia.* British Journal of Clinical Psychology, 1997; vol. 36: 287-296

Buettner, L., *Simple Pleasures: Una intervención sensomotora multinivel para los residentes de hogares de ancianos con demencia (Revisión Cochrane traducida).* American Journal of Alzheimer Disease. 1999; vol. 14: 41-52

Buettner, L., Kolanowski, A., *Practice Guidelines for recreation Therapy in the care of people with dementia.* Enfermería Geriátrica. 2003, vol. 41 no. 1: 18-25

Burgio, L., Scilley, K., Hardin, J., Hsu, C., Yancy, J., *Environmental "White Noise": Una intervención para residentes de asilos para ancianos con agitación verbal.* Revista de Gerontología: Ciencias psicológicas. 1996; vol. 51B: 364-373

Camberg, L., Woods, P., Ooi, W.L., Hurley, A., Volicer, L., Ashley, J., Odenheimer, G., McIntyre, K., *Evaluation of simulated presence: Un enfoque personalizado para mejorar el bienestar de las personas con enfermedad de Alzheimer.* Journal of American Geriatrics Society. 1999; vol. 47: 446-452

Camp, C.J., Judge, K.S., *Use of Montessori-based activities for clients with dementia in adult day care: Efectos sobre el compromiso.* American Journal of Alzheimer's Disease. Ene-Feb 2000; vol. 15, no. 1: 42-46.

Camp, C.I, Judge, K.S., *Montessori-based activities for Long-Term Care Residents with advanced dementia: Efectos sobre el compromiso y el afecto*. El gerontólogo. 2000; vol. 40, no. 1: 107-111

Camp, C.J., Mattern, J.M., *Innovations in managing Alzheimer's disease. En D.E. Biegel & A. Blum (eds.)*. Innovaciones en la práctica y en la prestación de servicios a lo largo de toda la vida útil Nueva York: Oxford University Press. 1999; 276-294

Camp, C.I, Orsulic, S., Schneider, N., Diggs, S., *NAs Teaching Montessori Activities*. Diario del asistente de enfermería. Marzo 1999; 13-15

Camp, C.J., Judge, KS., Bye, C.A., Fox, KM., *Un programa intergeneracional para personas con demencia que usan métodos Montessori*. El gerontólogo. Oct 1997; vol. 37, no. 5: 688-692

Camp, C.I, Vance, D., Kabacoff, M., Greenwalt, L., *Montessori methods: Intervenciones innovadoras para adultos con enfermedad de Alzheimer (Revisión Cochrane traducida)*. Vida Montessori, 1996; 10, 12-13

Carbonneau, H., *Qualité de vie: un modèle conceptuel pour guider nos actions*, Le gérontophile, Printemps 1999; Vol. 21, no. 2,

Casby, L.A., Holm, M.B., *The effects of music on repetitive disruptive vocalizations of persons with dementia*. American Journal of Occupational Therapy. 1994; vol. 48: 883-889

Cohen-Mansfield, J., *Intervenciones no farmacológicas para conductas inapropiadas en la demencia: revisión, resumen y crítica*. American Journal of Geriatric Psychiatry. Otoño 2001; vol. 9, no. 4: 361-381

Cohen-Mansfiend, J., *Measurement of inappropriate behavior associated with dementia*. Journal of Gerontological Nursing. Feb 1999; vol. 25, no. 2: 42-51

Cohen-Mansfield, J., Marx, M.S., Werner, P., *Agitation in elderly persons: an integrative report of finding in a nursing home*. International Psychogeriatrics 1992 ; vol. 4, supp. 2: 221-240

Cohen-Mansfield, J., Billig, N., *Comportamientos agitados en los ancianos: una revisión conceptual*. Journal of American Geriatric Society. 1986; vol. 34: 711-721
Deslauriers, S., Landreville, P., Dicaire, L., Verreault, R., *Validez y fidelidad del inventario de agitación Cohen-Mansfield*. Canadian Journal on Aging. 2001; vol. II. 20, no. 3: 373-384

Desrosiers, J., Bravo, G., Héberg, R., Dubuc, N., *Reliability of the Revised Functional Autonomy Measurement System (SMAF) for epidemiological research*. Edad y envejecimiento. 1995; vol. 24: 402-406

Dreher, B.B., *Montessori y Alzheimer: Una sociedad que funciona*. American Journal of Alzheimer's Disease. Mayo-junio 1997; vol. 12: 138-140

Finkel, S.I., Lyons, J.S., Anderson, R.L., *Reliability and validity of the Cohen Mansfield Agitation Inventory in institutionalised elderly*. Revista Internacional de Psiquiatría Geriátrica. Jul. 1992; vol. 7, no. 7: 487-490

Fleiss, J.L., *Statistical methods for rates and proportions*. 1981, Nueva York: Wiley, 218

Folstein, M.F., Folstein, S.E., McHugh, P.R. *Mini-Mental Test: Un método práctico para calificar el estado cognitivo de los pacientes para el clínico.* J. Psiquiatría res. 1975; vol.12: 189-198

Forbes, D.A., *Strategies for managing behavioural symptomatology associated with dementia of the Alzheimer type: a systematic overview.* Revista canadiense de investigación de enfermería. 1998; vol. 30, no.2: 67-86

Gerdner, L.A., *Effects of individualized versus classical "relaxation" music on the frequency of agitation in elderly persons with Alzheimer's disease and related disorders.* Psicogeriatría Internacional. 2000; vol. 12 : 49-65

Hébert, R., Bravo, G., G., Girouard, D., *Fidélité de la traduction française de trois instruments d'évaluation des aidants naturels de malades déments.* The Canadian Journal on Aging. 1993; vol. I 12 : 324-337

Hébert, R., Bravo, G., G., Girouard, D., *Validation de l'adaptation française du Modified Mini-Mental State (3MS).* Revista de Geriatría. Oct. 1992; vol. 17, no. 8

Hébert, R., Carrier, R., Bilodeau, A., *El sistema de medición de la autonomía funcional (SMAF): descripción y validación de un instrumento para la medición de handicaps.* Edad y envejecimiento. 1988; vol. 17: 293-302

Holmberg, S.K., *Evaluación de una intervención clínica para vagabundos en una unidad de enfermería geriátrica.*
Archivos de Enfermería Psiquiátrica. 1997; vol. 11, no. 1: 21-28

Kolanowski, A.M., Likaker, M.S., Baumann, M.A., *Theory-based intervention for dementia behaviors: a within-person analysis over time.* Investigación en Enfermería Aplicada. Mayo 2002; vol. 15, no. 2: 87-96
Kolanowski, A.M., Litaker, M.S., Catalano, P.A., *Bienestar emocional en una persona con demencia.* Western Journal of Nursing Research. Feb 2002; vol. 24, no. 1: 28-48

Kovach, C.R., Magliocco, J.S., *Late-stage dementia and participation in therapeutic activities.* Investigación aplicada de enfermería. Nov. 1998; vol. 11, no. 4: 167-173

Landreville, P., *Psychopathologie in later Adulthood,* Contemporary Psychology: APA Review of Books. Feb 2003; vol. 48, no. 1

Lawton, P., *Calidad de vida en la enfermedad de Alzheimer.* Enfermedad de Alzheimer y Trastornos Asociados. 1994; vol. 8, Supp. 3: 138-150

Lawton, M.P., Van Haitsma, K., Perkinson, M., Ruckdeschel, K., *Observed affect and quality of life in dementia: further affirmations and problems.* Journal of Mental Health and Aging. Primavera de 1999; vol. 5, no. 1: 69-81

Lawton, M.P., Van Haitsma, K., K., Klapper, J., *Efecto observado en residentes de hogares de ancianos con enfermedad de Alzheimer.* Revista de Gerontología: Ciencias Psicológicas. 1996; vol. 51B: 3-14

Lee, K.A., Kieckhefer, G.M., *Measuring human responses using visual analogue scales.* Western Journal of Nursing Research. 1989; vol. I 1: 128-132

Lévesque, L., Roux, C., Lauzon, S., *Alzheimer: entendiendo para ayudar mejor*. ERPI, Montreal. 1999

Logsdon, R.G, Teri, L., Weiner, M.F., Gibbons, L.E., Raskind, M., Peskind, E., Grundman, M., Koss, E., Thomas, R.G., Thal, L.J., *Evaluación de la agitación en la enfermedad de Alzheimer: el comportamiento agitado en la escala de demencia*. Revista de la Sociedad Americana de Geriatría. Nov 1999; vol. 47, no. 11: 1354-1358

Lovell, B.B., Ancoli-Israel, S., Gevirtz, R., *Effect of bright light treatment on agitated behavior in institutionalised elderly subjects*. Investigación Psiquiátrica. 1995; vol. 57: 7-12

Mahendra, N., *Direct Interventions for Improving the performance of individuals with Alzheimer's Disease*. Seminarios de Habla y Lenguaje. 2001; vol. 22, no 4: 291-304

Maslow, A.H. *Hacia una psicología del ser*. París, Fayard. 1972

Monat, A., *Addressing the specific needs of clients with cognitive deficits: a feasible challenge*. Documento de formación. Otoño de 2000

Montessori, María, *El Niño*. Nueva edición de Desclée de Brouwer. 1992, c1936

Montessori, Maria, *La mente absorbente del niño*. Nueva edición de Desclée de Brouwer. 1992, c1959
Montessori, Maria, *La pédagogie scientifique*. Nueva edición de Desclée de Brouwer. 1958

Orsulic-Jeras, S., Schneider, N.M., Camp, C.J., Nicholson, P., Helbig, M., *Montessori-Based dementia activities in long-term care: training and implementation*. Actividades, Adaptación y Envejecimiento. 2001; vol. 25, no 3-4 : 107-120

Reisberg, B., *Demencia: Un enfoque sistemático para identificar las causas reversibles*. Geriatría. 1986; vol. 4: 30-46

Robichaud, L., *Efficacy of a sensory integration program on behaviors of inpatients with dementia*. La revista americana de Terapia Ocupacional. Abril 1994; vol.48, no. 4: 355-360

Rosswurm, M., *Attention-focusing program for persons with dementia*. Gerontólogo clínico. 1991; vol. 10, no. 2: 3-16

Russen-Rondinone, T., DesRoberts, AM. *STIR - Éxito a través de la recreación individual: Trabajar con el residente de bajo funcionamiento con demencia o enfermedad de Alzheimer*. American Journal of Alzheimer Disease. 1996; vol. 11: 32-35

Snyder, M., Ryden, M.B., Shaver, P., Wang, J., Savik, K., Gross, C.R., Pearson, V. *The apparent Emotion Rating Instrument: assessing affect in cognitively impaired elderly*. Gerontólogo clínico. 1998; vol. 18, no. 4: 17-29

Alzheimer Society of Canada, Hoja de Estadísticas 2002

Tabloski, P.A., Mckinnon-Howe, L., Remington, R., *Effects of calming music on the level of agitation in cognitively impaired nursing home residents*. American Journal of Alzheimer's Care and Related Disorders and Research. Enero/Febrero 1995: 10-15

Tappen, R.M., Barry, C., *Clinical Outlook Assessment of affect in advanced Alzheimer's enfermedad: la prueba de imagen del estado de ánimo de la demencia*. Journal of Gerontological Nursing. marzo 1995; vol. 21 no. 3: 44-46

The Canadian Stydy of Health and Aging Working Group, *The incidence of Dementia in Canada*. Neurología. julio 2002; vol. 55, no. 1: 66-73

Los métodos de Vance, D.E., Porter, R.I., *Montessori producen ganancias cognitivas en las guarderías de Alzheimer*. Actividades, Adaptación y Envejecimiento. 2000; vol. 24, no. 3: 122

Van Haitsma, K., *The assessment and integration of preferences into care practices for persons with dementia residing in the nursing home* dans Rubinstein, R., Moss, M., Kleban, M., The Many Dimensions of Aging. Nueva York. Printemps 2000: 143-163

Van Haitsma, K., Ruckdeschel, K., *Special care for dementia in nursing homes: overview of innovations in programs and activities*. Alzheimer's Care Quarterly. 2001; vol. 2: no. 3: 49-56

Vogelpohl, T.S., Beck, C.K., *Affective responses to behavioral interventions*. Seminarios de Neuropsiquiatría Clínica. abril 1997; vol.2, no 2: 102-112

Volicer, L., Hurley, A.C., Camberg, L., *Model of psychological well-being in advanced dementia*. Journal of Mental Health and Aging. Primavera de 1999; vol. 5, no. 1: 83-94

Weiner, M.F., Tractenberg, R., Teri, L., Logsdon, R., Thomas, R.G., Gamst, A., Thal, L.J., *Quantifying behavioural disturbance in Alzheimer's disease patients*. Journal of psychiatric Research. 2000; vol. 34, no. 2: 163-167

Weiner, M.F., Koss, E., Patterson, M., Jin, S., Teri, L., Thomas, R., Thal, L.J., Whitehouse, P., *Comparación del inventario de Agitación Cohen-Mansfield con la Escala de Calificación del Comportamiento CERAD para la Demencia en personas que viven en la comunidad con enfermedad de Alzheimer*. Journal of Psychiatric Research. 1998; vol. 32: 347-351

Wewers, M.E., Lowe, N.K., *A critical review of visual analogue scales in the measurement of clinical phenomena*. Investigación en Enfermería y Salud. 1990; vol. 13: 227-236

Whall, A.L., *Measurement of need-driven dementia-compromised behavior: achieving higher levels of interrater reliability*. Journal of Gerontological Nursing. Sept 1999; vol. 25, no. 9: 33-37

Whall, A.L., Chrisman, M., Tabar, D., Booth, D.E., *Comportamiento Agitado en los Ancianos con Deterioro Cognitivo*. Journal of Gerontological Nursing. 1991; vol. 17, no. 12: 9-13

Woods, P., Ashley, J., *Terapia de presencia simulada: Uso de memorias seleccionadas para manejar conductas problemáticas en pacientes con enfermedad de Alzheimer*. Enfermería Geriátrica. 1995; vol. 16, no. 1: 9- 14

Printed by Books on Demand GmbH, Norderstedt / Germany